国家中等职业教育改革发展示范学校建设成果
中等职业教育美发与形象设计专业系列教材

# 美容美发产品与营销

杨琼霞　高虹萍　主　编
王成麟　刘祥平　副主编
柯　蔚　卢　全　参　编
梅东方　张艳涛

科学出版社
北　京

## 内 容 简 介

本书内容包括三个项目：一是美容美发产品，分别介绍了产品、美发产品、美容护肤产品、美容化妆产品、美甲产品等基础知识，以及相关产品的性能与使用，对产品进行合理的选择与应用；二是市场营销基础知识，着重介绍了市场营销、服务与服务营销、营销策略与消费心理，指导学生掌握营销技能；三是市场营销实战，介绍了售前准备、营销语言、产品成交技巧、售后处理等，培养学生树立正确营销理念、良好的职业道德观念与职业信念，为将来进入职场做好准备。

本书既可作为中职中专美发与形象设计专业教材，也可供美容美发行业从业人员参阅。

**图书在版编目（CIP）数据**

美容美发产品与营销/杨琼霞，高虹萍主编. —北京：科学出版社，2014
（国家中等职业教育改革发展示范学校建设成果·中等职业教育美发与形象设计专业系列教材）
ISBN 978-7-03-040431-2

Ⅰ. ①美…　Ⅱ. ①杨…　②高…　Ⅲ. ①化妆品-市场营销学-中等专业学校-教材　②理发-产品-市场营销学-中等专业学校－教材
Ⅳ. ①F768.9

中国版本图书馆 CIP 数据核字（2014）第 075188 号

责任编辑：王　琳 / 责任校对：刘玉靖
责任印制：吕春珉 / 封面设计：艺和天下

科学出版社 出版
北京东黄城根北街 16 号
邮政编码：100717
http://www.sciencep.com

三河市中晟雅豪印务有限公司 印刷
科学出版社发行　各地新华书店经销
*
2014年7月第　一　版　开本：787×1092　1/16
2025年7月第十一次印刷　印张：9 1/2
字数：210 000

**定价：29.00 元**

（如有印装质量问题，我社负责调换）
销售部电话 010-62136230　编辑部电话 010-62135741

# 前　　言

本书是我校国家中等职业教育改革发展示范学校建设课程改革的一项重要成果，采用项目-任务式体例进行编写，体现了“任务引领、理实一体”的教学改革特点，改变了原有教材重理论轻实践的状况。

编者编写本书时坚持教育与生产实践相结合的原则，依托学校生产性实训基地“水之语”美容美发会所，收集整理了丰富的营销实战案例。本书的前两个项目包括情境导入、学习目标、案例分析、思考与练习等几个部分，满足学生学习知识、训练技能、拓展能力等要求。项目 3 包括实战案例、实战技巧、实战训练模块，易于学生掌握。

另外，编者还坚持实用性的原则，根据职业学校学生的特点，选取了有代表性的案例辅助学生学习，所涉及的专业知识和理论都与实际工作密切相关，有很强的实用性和指导性。

本书注重知识循序渐进、能力递进，项目 1 帮助学生认识市场热门的产品，项目 2 帮助学生掌握营销学和营销心理学的基础知识，项目 3 帮助学生把产品与营销知识融合操练营销实战技能。

本书的编写具体分工如下：杨琼霞负责总体工作，项目 1 由高虹萍编写，项目 2 由高虹萍、刘祥平、柯蔚编写，项目 3 由王成麟、梅东方、卢全编写，张艳涛负责美术插图。

编者在编写本书的过程中，得到了学校领导及许多业界资深专家的指导和大力支持，在此致以衷心的感谢。

由于涉及的专业知识较多，内容庞杂，本书不足之处在所难免，恳请读者批评指正，编者将不胜感激。

编　者

2014 年 4 月

# 目　录

# 项目 1　美容美发产品

## 情境导入

关于薰衣草精油的学问

一天，美容师阿茜正在为一位顾客做精油护理。顾客突然问道："我很喜欢薰衣草的香味，前段时间，小李推荐我将薰衣草精油滴在热水中，每晚睡前进行泡浴，据说可以起到促进睡眠的作用。我试了试，效果挺不错，但就是味道太淡了，是否可以多滴一些呢？"

阿茜愣了愣，心想：这个问题我自己还从未遇到过，不太清楚答案，但是如果我说不知道，好像很没面子，顾客一定会说我连这个都不知道。出于虚荣心，阿茜只好含糊地回答："应该可以吧！"这时，主管刚好经过听见了这番对话。他没有立即批评阿茜，而是暗中让人准备一份关于精油使用注意事项的小册子，吩咐前台等这位顾客结账时，将这本册子送给她，请她一定注意正确使用精油。

然后，主管把阿茜叫到办公室，对她说："你真的知道顾客提的这个问题吗？""不知道。"阿茜不好意思地回答。"你知道吗？用少量薰衣草是可以起到安眠作用的，但是如果加得过多，它就变成了'兴奋剂'。以后再遇到顾客提出自己不能回答的问题，一定要实事求是，不能不懂装懂。可以先告诉顾客可能有不确切之处，等查证后再告诉她。有什么不清楚的地方，随时都可以问我，好吗？"主管的一番语重心长的话让阿茜感到非常惭愧。自此，阿茜变得虚心好学，业务能力得到显著提高。

【情境思考】

1．一个合格的美容（美发）师应做好哪些准备？

2．作为美容（美发）师，应储备哪些产品知识？

3．如何具备灵活的应变能力？

【情境分析】

美容美发服务的特殊性，使得美容师必须和各种层次的顾客打交道。加之美容美发服务直接关系到人的健康和美丽，使得美容美发从业者必须不断地加强各方面业务知识的学习，广泛涉猎各类相关学科，如医学、美学、心理学、精细化工、生物学、电子等，做好充分的知识准备，才能真正为顾客提供高水平的服务。这不仅是美容师个人素质的体现，也是美容院服务质量高低的决定因素。一个能对顾客负责，同时也能为其提供咨询指导等知识型服务的美容师，肯定会受到顾客的欢迎。但如果一问三不知或是告诉顾客错误的护理方法，不但会使美容师自身的信誉降低，而且会影响整个美容院的服务水平，甚至给顾客带来不良后果。以上案例中，美容院主管的处理方式和及时教育非常重要，既保证了顾客的权益，又没有使美容师阿茜在顾客面前难堪，还使她明确自己的问题所在，同时也愿意积极地去改进。

# 任务 1.1　产　　品

学习目标

**知识**

1. 了解产品的含义与产品整体概念的内容。
2. 掌握美容美发产品的定义及特性。
3. 掌握美容美发产品的分类及作用。
4. 了解美容美发产品市场的前景。

**能力**

1. 具有发现问题、分析问题并解决问题的能力。
2. 具有美容美发产品分类的能力。

**情感、态度、价值观**

1. 感受美、欣赏美、创造美。
2. 关心国内外美容美发业的发展现状与趋势。
3. 具有踏实勤奋、永不言败的敬业精神。

## 1.1.1　产品的概念

### 1. 产品的含义和分类

（1）产品的含义

对于产品的定义，不同的营销专家有不同的解释。产品是指能够提供给市场，被人们使用和消费，并能满足人们某种需求或需要的东西，包括有形产品、无形服务、组织、观念或它们的组合。有形产品主要包括产品实体及其品质、特色、式样、用途和包装，无形服务主要包括可以给消费者带来附加利益和心理满足的售后服务、保证、产品形象、销售者声誉等。

狭义的产品只包括有形产品，如汽车、电脑、手机、电视机、洗发水、护肤霜等。广义的产品，除了包括有形产品以外，还包括无形产品，如服务、咨询、旅游等。

（2）产品整体概念的内容

现代市场营销理论认为，产品整体概念包含核心产品、有形产品、附加产品和心理产品四个层次。

核心产品也称实质产品，是指消费者购买某种产品时所追求的利益，是顾客真正要购买的东西，因而在产品整体概念中也是最基本、最主要的部分。消费者购买某种产品并不是为了占有或获得产品本身，而是为了获得能满足某种需要的效用或利益。

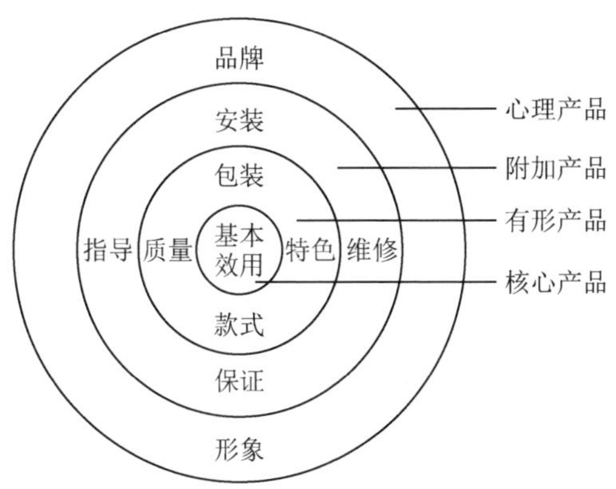


有形产品是核心产品借以实现的形式，即向市场提供的实体和服务形象。如果有形产品是实体物品，则它在市场上通常表现为产品质量水平、外观特色、式样、品牌名称和包装等。产品的基本效用必须通过某些具体的形式才得以实现。劳务产品或服务产品也有产品形式。例如，人们剪发时，不仅要求把头发剪短，还要求有满意的发型。市场营销者应首先着眼于顾客购买产品时所追求的利益，以求更完美地满足顾客需要，从这一点出发再去寻求利益得以实现的形式，进行产品设计。

产品的有形特征主要指质量、款式、特色、包装。例如，冰箱的有形产品不仅仅指冰箱的制冷功能，还包括它的质量、造型、颜色、容量等。

附加产品是顾客购买有形产品时所获得的全部附加服务和利益，包括提供信贷、免费送货、保证、安装、售后服务等。附加产品的概念来源于对市场需要的深入认识。因为购买者的目的是满足某种需要，因而他们希望得到与满足该项需要有关的一切。

心理产品指产品的品牌和形象提供给顾客心理上的满足。产品的消费往往是生理消费和心理消费相结合的过程，随着生活水平的提高，人们越来越重视产品的品牌和形象，因而它也是产品整体概念的重要组成部分。



2. 产品的分类

产品分为有形产品与无形产品。

（1）有形产品

有形产品又称形体产品或形式产品，是产品呈现在市场上的具体形态，也是满足消费者某一需求和特定的形式，是核心产品得以实现的形式。它一般通过不同的侧面反映出来，如质量水平、产品特色、产品款式及产品包装和品牌。产品的基本效用必须通过某些具体的形式才得以实现。

（2）无形产品

无形产品就是指那些服务类型的产品，如保险、美容美发、法律服务等。

（3）有形产品与无形产品的关系

有形产品与无形产品之间应该是一种共存、彼此合一（你中有我，我中有你）的关系。从本质上看，有形产品与无形产品两者之间并无严格界限，从“所有能够满足人们需要的任何东西都是产品”这个思想出发，有形产品和无形产品都是“产品”，只不过无形产品是非物质形态的产品，它虽然没有物理、化学属性，但它可以满足人们的某种需求。无论是制造业服务机构还是服务业服务机构，其所提供的产品实际上都是“有形产品＋无形服务”的混

合体，只不过各自所占的比例不同。

服务与有形产品交融呈现出四种状态：纯有形商品状态、附有服务的商品状态、附有少部分商品的服务状态、纯服务状态。现有的服务流通的方式不是产品向消费者的运动，而是消费者向产品的运动，即需要消费者主动接触这个“产品”。

美容美发产品是有形产品与无形产品的统一。例如，护肤品、烫发、染发产品等是有形的，而舒适、安全和愉悦的体验是无形的。美容美发产品是实物产品与服务的统一，愉悦的微笑和体贴的关心就是服务。

（4）有形产品与无形产品的区别

从营销学而言，有形产品和无形产品在销售过程中的最大区别就是，买家在购买有形产品的时候可以通过自己的各种感官来体验产品的特性，而当他们在购买无形产品的时候却往往只能通过卖方的口头介绍来获知产品的特性。可是他们在大多数情况下只能在给卖方支付费用之后，并在卖方真正给他们提供服务之后，他们才能真正感受到无形产品的特性。

行销领域有一个新趋势，即单靠个别的有形产品或无形服务，已难以创造出持续的竞争优势。换言之，在全球竞争越来越激烈的 21 世纪，企业必须兼顾有形产品与无形服务，也就是实现有形产品服务化、无形服务有形化，才能创出佳绩。

### 1.1.2 美容美发产品的定义、特性、分类及作用

#### 1. 美容美发产品的定义

广义的美容美发产品是指各种化妆用的物品，具体来讲主要是为了清洁和美化人体，增加魅力，改变容貌，保持皮肤及头发健康而涂擦、散布于躯体或用类似方法使用的物品。化妆（cosmetic）一词最早来源于古希腊，含义是“化妆师的技巧”或“装饰的技巧”，意思是多发扬人体自身的优点，并弥补缺陷。

狭义的美容美发产品因各国的习惯与定义方法不同而略有差别。但从使用目的看，均为保护皮肤、毛发，维持仪容整洁，遮盖某些缺陷，美化面容，促进身心愉快的日用品。

（1）我国美容美发产品的定义

美容美发产品的定义参照《化妆品卫生监督条例》第二条所规定的化妆品定义，“是指以涂擦、喷洒或者其他类似的方法，散布于人体表面任何部位（皮肤、毛发、指甲、口唇），以达到清洁、消除不良气味、护肤、美容和修饰目的的日用化学工业品”，这是我国当前对化妆品的法定定义。

化妆品包括基础化妆品、美容化妆品和特殊用途化妆品三部分。基础化妆品是为了保护皮肤、毛发及增进皮肤和毛发健康的制品；而美容化妆品是为了修饰脸面、指甲等部位，使之增加美丽而使用的制品；特殊用途化妆品是指用于面部、毛发等部位，具有防御功能的特殊的理化处理的制品。所以不论是化妆品还是特殊用途的化妆品都不同于药品，其目的主要就是清洁、护肤、美化。

（2）国外美容美发产品的定义

日本关于化妆品的定义是，“为了保持人体清洁，美化人体，使之增加魅力，改变容貌，或者保持皮肤或毛发的健康，以在身体涂抹、散布等方法，或类似的方法使用，并能对身体起缓和作用的物品叫化妆品”。

欧盟的“化妆品规程”对化妆品做出了法规性的定义：“化妆品是指接触于人体各外部

器官（表皮、毛发、指（趾）甲、口唇）或口腔内的牙齿和口腔黏膜，以保持清洁、发出香味、改善外观、改善身体气味或保护身体，使之保持良好状态为主要目的的物质和制剂。”从法规上，欧盟没有普通化妆品和功能性化妆品之分，药品的法规中也没有处方药和非处方药的分类，因此，不存在化妆品与非处方药的混淆和区分问题。

美国食品药物管理局关于化妆品的文件中对化妆品的解释为，“化妆品是通过摩擦、倾倒、喷洒、涂抹等方式导入或用于人体表面，为清洁、美化、增进魅力、改变外表而又不影响机体结构和功能的物质”。化妆品主要包括护肤类、芳香类、眼部及眼部外修饰物类、头发护理（染发剂、香波）类、除体臭剂类、面部修饰剂类、婴儿用产品（香波、洗液及爽身粉）类、沐浴液类、口腔清洁剂类及防晒制品类等。

### 2. 美容美发产品的特性

美容美发产品应具有如下特性：高度的安全性、相对的稳定性、良好的使用性、一定的功效性。

（1）高度的安全性

符合卫生要求，保证美容美发产品的安全性，防止美容美发产品对人体产生近期和远期的危害。

（2）相对的稳定性

美容美发产品中的一些成分往往是热力学的不稳定体系。为了保证美容美发产品的功能和外观，美容美发产品必须具有相对的稳定性。

（3）良好的使用性

美容美发产品的使用性是指在使用过程中的感觉，如润滑性、黏性、发泡性等，好的护肤品应该具有良好的使用性，满足相应消费者的要求。

（4）一定的功效性

美容美发产品的功效性是指产品的功效和使用效果。功效性化妆品是根据皮肤组织的生理需要和病理的改变，选择添加具有相应功效的物质，使产品兼具效果和保健效用。例如，防晒剂具有防晒功能，育发产品具有育发功能，脱毛产品具有脱毛作用。

### 3. 美容美发产品的分类

对美容美发产品的分类，世界各国的分类方法不同，综合起来大致有以下几种情形。

（1）按使用目的分类

1）清洁类。包括清洁皮肤和清洁毛发用产品，如洗面奶、清洁霜、清洁奶液、浴液、香波、洗发膏、清洁面膜、磨砂膏、去死皮膏等。

2）保护类。包括肤用和发用两大类，具有调整皮肤水分和油分、保养和滋润肌肤，以保持皮肤健康的作用。此类化妆品可用作美容化妆前的基础处理，因此也可称作基础化妆品，如雪花膏、冷霜、奶液、防冻霜、化妆水（露）、乳（蜜）、霜、发油、发乳、发蜡、护发素等。

3）营养类。如添加维生素、水解蛋白、中草药、透明质酸等生物活性成分的霜、膏、乳、露等，都属于营养类化妆品。

4）美容类。美容类化妆品指用来美化和修饰皮肤、毛发、指甲等部位的化妆品，如粉底、遮盖霜、睫毛膏、唇膏、胭脂、眼影膏、唇线等，眼影、眉笔、发胶、烫发剂、染发剂、

摩丝、焗油膏等。

5）特殊用途类。这类化妆品通过某些特殊功能以达到美容、护肤、消除人体不良气味等目的，介于化妆品与药品之间，具有严格的特殊测试和卫生安全性评价。此类化妆品包括育发、染发、烫发、脱毛、美乳、健美、除臭、祛斑和防晒九大类，如生发灵、冷烫精、脱毛露（霜）、减肥霜、祛斑霜、防晒霜（油）、粉刺霜、除臭剂、抑汗剂等。

（2）按使用部位分类

化妆品按使用部位可分为以下几类。

1）毛发用化妆品类，如香波、发油、护发素、发胶、摩丝、烫发剂、剃须膏等。

2）皮肤用化妆品类，如洗面奶、润肤乳、粉底、遮盖霜等。

3）唇、眼用化妆品类，如唇膏、眼影、睫毛膏等。

4）指甲用化妆品类，如指甲油。

（3）按剂型分类

按产品的外观性状、生产工艺和配方特点，化妆品可分为如下 14 类。

1）乳化类产品，如清洁霜、粉底霜、奶液、发乳、清洁奶液、润肤霜、营养霜、雪花膏、冷霜等。

2）油剂类产品，如发油、发蜡、防晒油、浴油、按摩油等。

3）表面活性剂溶液类产品，如洗发香波、浴液等。

4）粉状产品，如香粉、爽身粉、痱子粉等。

5）块状产品，如粉饼、眼影、胭脂等。

6）悬浮状产品，如水粉、香粉蜜等。

7）液体水剂类产品，如香水、花露水、化妆水、营养头水、冷烫水、除臭水等。

8）凝胶状产品，如抗水性保护膜、染发胶、面膜、沐浴凝胶、防晒凝胶、指甲油等。

9）气溶胶制品，如喷发胶、摩丝、喷雾香水等。

10）膏状产品，如泡沫剃须膏、洗发膏、睫毛膏等。

11）锭状产品，如唇膏、防裂膏、眼影膏等。

12）笔状产品，如唇线笔、眼线笔、眉笔等。

13）珠光状产品，如珠光香波、珠光指甲油、雪花膏等。

14）蜡状化妆品，如发蜡。

（4）特殊用途化妆品分类

特殊用途化妆品包括育发、染发、烫发、脱毛、美乳、健美、除臭、祛斑、防晒的化妆品。

1）育发化妆品是指有助于毛发生长、减少脱发和断发的化妆品。

2）染发化妆品是指具有改变头发颜色作用的化妆品。

3）烫发化妆品是指具有改变头发弯曲度，并维持相对稳定的化妆品。

4）脱毛化妆品是指具有减少、消除体毛作用的化妆品。

5）美乳化妆品是指有助于乳房健美的化妆品。

6）健美化妆品是指有助于使体形健美的化妆品。

7）除臭化妆品是指有助于消除腋臭的化妆品。

8）祛斑化妆品是指用于减轻皮肤表皮色素沉着的化妆品。

9）防晒化妆品是指具有吸收紫外线作用、减轻因日晒引起皮肤损伤功能的化妆品。

### 4. 美容美发产品的作用

从定义来看，美容美发产品有以下几个主要作用。

（1）清洁作用

一些人体用洗涤用品可温和地清除皮肤及毛发上的污垢，以及人体分泌与代谢过程中产生的不洁物质。这些产品是专门为清洁皮肤和头发而设计的，将大量具有洗涤、发泡作用的表面活性剂作为主要成分，能够将人体各种污垢清除干净，属于化妆品的范畴，包括清洁霜、清洁奶液、清洁用化妆水、泡沫浴液、净面面膜、洗面奶、洗手液、洗发香波、沐浴露等。很显然，单从数量的角度来说，清洁类的产品已经占据了化妆品产品总数的大部分。

常见产品有清洁霜、洗面奶、洗发香波、沐浴露、洁肤面膜、卸妆液、磨面膏、去死皮膏等。

（2）护肤作用

化妆品能保护皮肤使之光滑、柔润，防燥防裂；保护毛发使之光泽、柔顺，防枯防断，使其滋润、柔软、光滑、富有弹性，以抵御寒风、烈日、紫外线辐射等的损害；增加分泌机能活力，防止皮肤皲裂、毛发枯断。对于肤用产品，其主要功效就是防止人体皮肤表面的油分、水分不过度蒸发，保持皮肤的滋润，防止皮肤干燥、开裂、粗糙，如雪花膏、冷霜、润肤霜、防裂油膏、奶液、防晒霜、润发油、发乳、护发素等。

（3）营养作用

营养型化妆品具有补充皮肤及毛发营养，增加组织活力，保持皮肤角质层的含水量，维系皮肤水分平衡，补充被皮肤吸收的营养物及清除衰老因子，减少皮肤皱纹，减缓皮肤衰老及促进毛发生理机能，防止脱发的作用，如人参霜、维生素霜、珍珠霜等各种营养霜、营养面膜、生发水、药性发乳、药性头蜡等。

（4）美容作用

化妆品能美化皮肤及毛发，使之增加魅力，或散发香气。具有美容功效的化妆品主要是指彩妆用品，如粉底霜、粉饼、香粉、胭脂、唇膏、发胶、摩丝、染发剂、眼影膏、眉笔、睫毛膏、香水等，可美化面部皮肤（包括口、唇、眼周）及毛发（包括眉毛、睫毛）和指（趾）甲，使之光彩耀人，富有立体感。使用这些产品可以突出五官的轮廓，掩盖脸部缺陷，美化容貌。美容功效是化妆品生成的根基。

（5）特殊作用

介于药品和化妆品之间的产品具有特殊功能，在我国被称为特殊用途化妆品。在一些发达国家对化妆品的定义中，还增加了“该产品可以对使用部位产生缓和作用”的语句来进一步定义“特殊功能作用”。

现代美容护肤用品的辅助治疗功效越来越多，主要包括祛斑、美白、去皱纹、去头皮屑、抗皮肤衰老、抗过敏、去角质、消炎止痒、除暗疮等。常见产品有雀斑霜、粉刺霜、抑汗剂、除臭剂、生发水、痱子水、药物牙膏等。

化妆品对人体必须缓和、安全、无毒、无副作用，并且主要以清洁、保护、美化为目的，不能影响人体构造和机能。

### 1.1.3 美容美发产品市场的前瞻

1. 美容美发产品市场的未来

展望未来，21 世纪美容美发化妆品行业在以下几方面将成为关注的重点。

1）抗衰老护肤品。目前不少国家已进入老龄化社会，据美国化妆品市场调查，抗衰老产品销售额已经占美容化妆品市场的 50%以上；以法国为代表的西欧国家抗衰老化妆品销售额占护肤化妆品市场的 55%以上；日本和东南亚各国也已形成了抗衰老化妆品热销势态。我国抗衰老化妆品年销售额至少达 45 亿元，世界许多知名化妆品厂家都看好我国的抗衰老化妆品消费市场，目前已经有 100 多家外资和中外合资企业在我国生产抗衰老化妆品。

2）抗污染护肤品。皮肤是人体健康的卫士，具有屏障、调节、自稳、代谢四大功能。空气污染越严重，裸露在外的皮肤面积越大，时间越长，皮肤受损害的可能性也就越大。具有抗污染作用的护肤产品能遮挡紫外线辐射，抵抗其他物理因素对皮肤的损害和化学因素对皮肤的腐蚀，自然成为研究美容护肤的科学家新的观点。

3）天然活性护肤品。科学家将动植物的精华提纯，或将牛奶、血清、海洋元素、矿物质、果蔬汁液等加入护肤基质中。此类护肤品成为人们追求天然的美容新时尚。

4）紧肤瘦身成为健康新时尚。现在，肥胖仍是人们健康的大患，对其的研究和治疗已经达到激素水平、分子水平、基因水平，高技术引爆的减肥、塑脸、紧肤市场将经久不衰，大有可为。

5）美白祛斑护肤品。新世纪美白新技术大多出自欧洲，而美白化妆品最大的市场却在亚洲，未来的护肤品趋于兼有防晒、修复晒伤、美白、抗氧化等一系列功能。

6）以内养外将成为美容科学新的流行热点。非环境污染导致的肌肤损害在新世纪会越来越普遍，科学家将从遗传工程学说、蛋白质合成学说、免疫学说、自由基学说、内分泌学说、大分子高联学说等诸多领域寻找人类科学美容新的突破口。

7）微型化妆护肤包。人们的生活方式随社会生活的改变会有很大的不同，许多人的工作、学习、休闲活动频繁，居所会经常变动，精巧、细致、简便的小型旅行用洁身套装、洗发套装、护肤套装将应运而生。微型化妆护肤包因其容量小、消耗快带来两个流行激励因素：为商家提供赠品的机会；为消费者提供迅速更换“口味”的“品尝”机会。

8）个性化护肤生命科学的进展将会破译每个人皮肤的奥秘，人们将拥有由专业美容医师根据个人检查，设计个人独有的洁肤、润肤、防晒、祛斑、瘦身等化妆品。“极度个人主义的护肤调理处方”已是世界性潮流。

同时，未来美容化妆品业将真正进入互联网络时代。欧洲资深行业人士曾断言，21 世纪美容美发行业发财的信息、赢利的秘诀大部分将来自网上。不掌握网络技术，不管自己以前多么成功，都将被留在 20 世纪。可以说，互联网的迅猛发展，将引发美容美发化妆品业的剧变。当今，世界上优秀的美容师、美发师已开始与网络紧密联系，在网络搜索工具的协助下，无论人们需要哪方面的信息都会易如反掌。例如，一位美发师遇到一位需要世界最新潮发型的顾客，他可以把顾客的身份、体形、头型、面型输入互联网寻求帮助，很快就会有世界高级美发师根据顾客情况在网络上传过来最适合这位顾客的新潮发型，并指导其如何正确地操作。

2. 未来化妆品品种细分化

未来化妆品的分类会越来越细，类别也会越来越多。由于技术具有先进性，因此人们可以根据皮肤颜色、肤质、年龄而对化妆品的敏感度、折光度、吸收性和目的性不同来精密设计。同一个品牌的化妆品也会有各年龄段、性别各异的不同型号。现在市场上的老年化妆品、男用化妆品、儿童化妆品、运动化妆品正方兴未艾。

（1）老年化妆品

随着人口结构的高龄化，“银色经济”将带动老年人化妆品市场逐渐升温。随着医疗事业的发展，世界人口老龄化加剧。中老年人更注重产品内在品质，要求色彩持重、香味浓郁，这些要求决定了中老年人化妆品与大众化的化妆品有所差异，如留住黑发、减少皱纹。中老年人还有一个亘古不变的渴求——抗衰老。

（2）男用化妆品

在美容舞台上，男用香水、男用护肤品等也颇受青睐，美容不再是女士的专利。社会对新时代男性的审美标准正在逐渐改变，不再是过去亘古不变的体格强壮、魁梧有力的力量型，举止得体、仪容整洁、个性化成为现代男性的新标准。性别的差异，皮肤性质的不同，社会观念及审美观的不同，决定了男性化妆品应当与女性化妆品在基质、包装、品牌上必然有所差异。例如，清爽、色浅、易于吸收、香味淡雅、功能性及个性化是现代男士的需求。

（3）儿童化妆品

儿童是家庭的中心，他们的健康备受关注。儿童与成人的生理状态不同，皮肤娇嫩，皮脂腺效能相对成人较低。因此，儿童产品对原料和工艺有特殊要求，如原料精良、生产实施无菌操作、产品性能温和、脱脂力低、无刺激。另外，由于儿童户外活动多，其日晒量比成年人大得多，所以，儿童防晒化妆品市场会很广阔。

（4）运动化妆品

随着全民健身运动的大力开展，越来越多的人走向户外，给运动化妆品带来了生机，其特性是防晒、防汗、防臭、保湿和消炎等。

3. 展望

随着我国宏观经济发展走上“快车道”，我国美容业也进入了快速增长阶段。加入WTO，更迫使我国美容业在国际大环境中提高竞争力，生产出更多、更优质、更经济的美容化妆品。日用化工市场的竞争必然是产品品质的较量。当今要提高化妆品品质的唯一出路是提高化妆品内在的科技含量，因而必须做到以下三个方面。

1）加强科技人才和基础研究的投入。因此，需要多学科、多方面人才的结合，注重人才的培养和研究基础条件的建立，并加强生产设施和检测手段的投入。当前我国大部分化妆品企业生产、设施、环境条件还比较落后，必须加大改造力度。

2）注意国内外科技发展动态，依靠高新技术，加强科技开发。新型、高效、环保型的表面活性剂功能性化妆品的开发越来越引起人们的重视。要加强配方科学性、有效性研究，合理选用各种新型的表面活性剂，利用先进的生产工艺手段来提取有效成分；应用当今世界最新前沿技术——生物技术、材料技术、电子信息技术、先进制造技术、环保技术等进行新




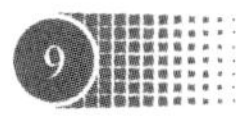

产品的开发。以精细化工为背景，以制药工业为基础，融合生物化学、生物工程、生命科学和微电子技术等。

3）开发具有我国特色的天然化妆品。中草药是中华民族引以自豪的瑰宝，开发多种添加中草药的功能性化妆品，既属于“绿色产品”，又具有我国特色，在防晒特效、美容沐浴、皮肤护理、染发护发等方面有着广阔的发展应用前景，应依靠高新技术，着眼于我国丰富的天然资源宝库，应用新型表面活性剂，开发出具有我国特色的适用于市场需要的化妆品品牌。经济的全球化、市场的国际化和知识更新的加速，生物技术、材料技术、电子信息技术、先进的制造技术、环保等技术的进步将会影响和促进化妆品业的发展，给我国化妆品行业带来前所未有的机遇与挑战。

# 任务 1.2　美 发 产 品

**学习目标**

**知识**

1．了解美发洗护用品的发展史。
2．掌握美发产品的分类。
3．掌握洗发、护发、固发、烫发、染发等产品知识及运用。

**能力**

1．具备良好的分析能力和判断能力。
2．具有根据顾客的发质灵活选用美发产品的能力。
3．具有灵活的应变能力。

**情感、态度、价值观**

1．锻炼个人心理素质（特别是受挫能力）。
2．学会尊重顾客，对社会有责任感。
3．培养诚实、守信、创新的品质。

## 1.2.1　美发产品发展历史

每个年代的发型都有它的特色，所以相对应的，洗发用品也有它的“时代见证”，美发洗护用品作为一个舶来品，自新中国成立后走入了我国女性的生活，然而每个年代又有它独特的形式。

### 1. 最奢侈的洗发品

20 世纪 50 年代，洗发品对大多数女性来说还算是奢侈品，用香波洗头很奢侈。20 世纪 50 年代新中国刚刚成立，百废待兴，民用的物品相当稀缺。

茶籽饼——这个灰色的、像杂草堆成的小磨盘一样的“大圆饼”，却曾经是珠江三角洲地区妇女们洗头用的最大宗“洗发产品”。尤其是准备出嫁的新娘，在出嫁前用茶籽饼洗头能使头发清香、柔顺。很多老百姓一直在用茶籽饼洗发。

2. 最紧俏的洗发品

20 世纪 60 年代，人们的发型是一派的整齐划一，甚至整齐到没有了两性区别。男女的关系简化为“同志”、“战友”、“阶级关系”，美丽女性已经被“铁姑娘队”、“女子采油队”这些词替代。所以那个年代的人对洗发、护发可以说不懂或者说没有精力来考虑这些东西，但在物资极其贫乏的年代，可遇不可求的洗头粉仍然会带给年轻姑娘们一丝惊喜。

3. 香皂洗头，头油保养

20 世纪 70 年代，人们用碱面来洗头，后来用紫红色的“婴儿皂”，慢慢地条件好一点了，就有了简易洗发水：像肥皂液一样，可以拆零买卖，带有香味，装在塑料瓶里面，比肥皂和洗衣粉好，没有那么伤头发，洗后还有淡淡的清香，不过用过以后，头发仍旧不是特别柔顺。

20 世纪 70 年代，一般爱美的女性是用玻璃瓶装的头油、头膏，用梳子把头发梳顺后直接将其涂抹在头发上，给头发补充营养，而且涂抹以后头发立刻显得乌黑明亮，很快就能梳出想要的发型。

4. 洗发香波、护发素

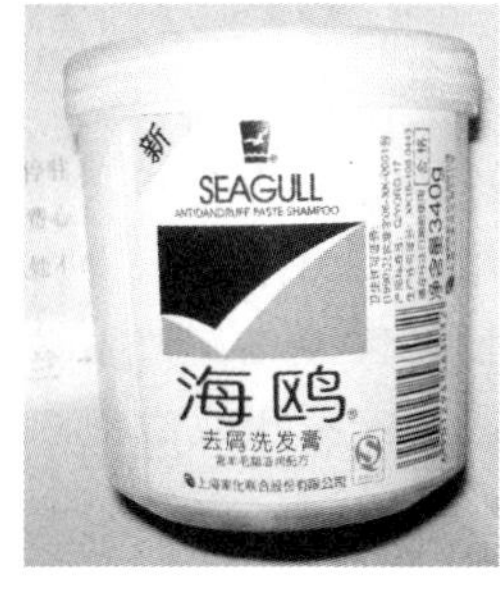


洗发膏最早的牌子是海鸥牌的，蓝色的膏体，用大、小桶装着，算是当时的高档品牌了，而且很香。

护发素比洗发水进入人们的生活还要晚一些，护发素的出现打破了以往人们洗发的习惯。与传统的发油和发蜡等相比，护发素没有油腻感，不会使头发显得不自然或肮脏，而且能有效并均匀地附着在头发上。使用了护发素的头发会变得柔软滑顺，易于梳理。护发效果好，易于清洗。

5. 洗发水全新时代——上美容店

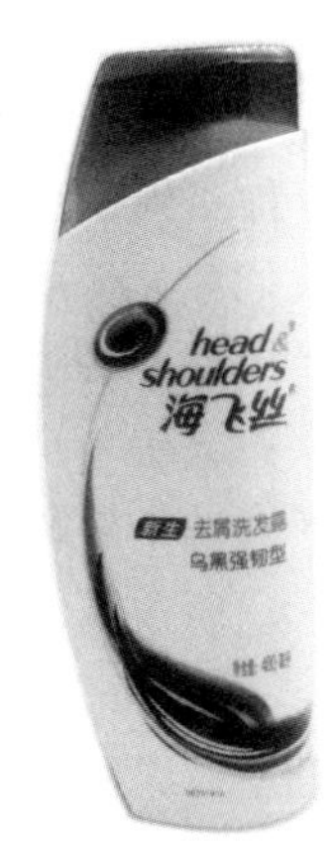


1988 年 8 月，来自宝洁公司的海飞丝去屑洗发露以其高品质的形象、新颖的包装与国内前所未有的铺天盖地式的广告攻势，迅速抓住了消费者的心，接着又相继推出了飘柔和潘婷两大洗发水品牌。

多元化的年代里，美发时尚不再为某一种潮流所主宰，以往每个年代曾经流行过的元素经过富有创意的排列组合，都在如今以新姿态重新出现。

6. 个性化与高品质时代的到来

21 世纪，人们要求洗护产品具有深层清洁、深层修护的作用，已不再满足简单的洗净和柔顺，而是要求由内而外的健康清洁，因此，多效合一的洗护产品开始走进人们的生活。

### 1.2.2 美发产品分类

随着物质和生活水平的提高，在今天，人们对自身的健康和自身的个人形象包装定位设计也是相当重视，尤其是重视对头发的呵护与装扮。对美的需求也不再是因为头发太脏、太长才到发廊消费，而是在此基础上追求更完美的健康舒适的享受。基于此，身为专业人士，应掌握并了解所接触的各种美发用品，准确地了解它的性能和特征。

今天的洗发品顺应了当代不同层次客户的需求，各个厂家也是竭尽所能地开发研究各种不同类型、不同发质、不同价位的洗护产品。发用化妆品常见的分类有以下 7 种。

1）洗发香波（也叫洗发露、洗发水、洗发乳等）：清洁头发并辅以改善头发困扰的功能，如柔顺、光亮、去屑、止痒、防断、护色等。

2）护发素（发乳、润发素、焗油膏、发膜等）：消除表面静电，改善头发的梳理性、柔顺性，并辅以补充头发水分、养分、油分，修复损伤、强化发质。

3）定型产品（摩丝、定型水、啫喱水、啫喱膏、弹力素等）：定型、造型，并辅以改善头发损伤和美感的功能。

4）染发制品（染发膏、染发乳、染发香波等）：改变头发颜色，美化头发，增强个人魅力。

5）卷发、烫发制品（烫发液、卷发剂等）：改变头发弯曲度，美化头发，增强个人魅力。

6）生发制品（防脱洗发露、生发精华素等）：有利于毛发生长，减少脱发和断发。

7）其他，如发尾油（消除开叉）、喷发水（抗晒、保湿、丝滑、光亮、护色、修复毛鳞片等）等。

### 1.2.3 具体美发产品

#### 1. 洗发产品

（1）洗发产品的定义与功用

洗发产品是指一些用于清洁头发的物料，这些物料是混合水分一起使用的。洗发产品除清洗头发外，有时还有其他功用，包括护发效能；去头屑效能；含有蛋白、柠檬味或橄榄油等成分，令头发更有光泽。

（2）洗发香波

洗发香波到今天已经历了几千年的发展。现代人在洗发时都知道使用洗发香波，那几千年前古人在洗发时用什么呢？答案可能有点出乎意料，是用水。水是最好的清洁剂。实际上，我们今天使用的洗发香波仍是以水为主的，只不过含义已经完全不同于古代。

1）洗发香波的发展历史：水→水＋天然成分（泥或植物液）→水＋人工合成去污剂→水＋人工合成去污剂＋天然成分→水＋天然成分＋人工合成表面活性剂→水＋天然源表面活性剂＋生化活性成分。

所以说，今天的洗发香波已包含许多高科技成分。

2）洗发香波的分类。从产品的分类上看，多数人将洗发香波分为以下五种类型。①基础型：这种类型的产品比较适合家庭使用，对头发起到基本的护理作用。②功效型：能够实际消除发质存在的问题，如去屑、防脱、止痒、修复等。③天然型：含有一种或几种天然提取物或成分，如首乌、生姜、黑芝麻、皂角等。④美发型：高品质的护发产品，如焗油系列产品等给予头发加倍的营养和滋润，能使头发美丽、有光泽。⑤综合型：上述几种类型的综合产品，如天然首乌去屑洗发水等。

3）洗发香波的配方。洗发香波通常由六大“配方块”构成，各块的功能和常见用料如下。

第一配方块：洗涤去污块。

主要功能是洗涤去污。用料主要是“阴离子型表面活性剂”，从早期的脂肪酸钠或钾（香皂）→十二醇硫酸钠（洗头膏）→十二烷基醇醚硫酸钠（碱性洗发水）→十二烷基醇醚硫酸铵等（弱酸性洗发水）→咪唑啉、烷基糖苷、磺基琥珀酸酯、磷酸酯、氨基酸等（温和型、无刺激型洗发露）。

第二配方块：辅助和稳定块。

主要功能是辅助洗涤和稳定体系。用料主要是“非离子表面活性剂和两性表面活性剂”等。在配方中起到增稠、稳泡、减低刺激等作用，如烷基甜菜碱、丙基酰胺甜菜碱、椰子油酸二乙醇（单乙醇）酰胺等。

第三配方块：调理柔顺块。

主要功能是柔顺调理。用料主要是“阳离子表面活性剂”或具有阳离子特性的纤维素或聚合物，以及现代用得最多的硅油（乳化硅油）和各种改性天然油脂（如阳离子化橄榄油等）。

第四配方块：功效块。

功效块是洗发产品最为重要的部分，也是如今市场竞争的焦点，包含以下几项主要功能。

① 去屑止痒：这是第一功能需求。目前主要用料是ZPT、CLM、OCT、NS、HP100、中药合剂等（法规准许使用的）。

② 保湿滋润：常用原料有甘油、丙二醇、山梨醇、氨基酸（NL-50 等）海藻多糖、水溶性油脂、维生素 $B_5$ 等。

③ 营养修护（防晒、毛鳞片、开叉、护色、光亮等）：植物蛋白（小麦、大豆、燕麦等）、天然精油、萃取精华液、维生素 E、B 族维生素、天然油脂、天然氨基酸等。

④ 防脱防断防白发：生化原料（生长因子）、复合植物萃取精华、维生素类。

第五配方块：赋香块。

合成香精→半合成→纯天然芳香精油→无添加。

第六配方块：防腐块。

甲醛释放型（已禁用）→无甲醛释放型→天然型→无添加。

（3）烫、染、焗工序中洗发香波的选用

烫发是用化学药物通过压力与时间促使头发变性、变形。烫发会引起头发表皮质层内的变化，因此对头发是有伤害的。烫发一般要进行两次洗发：第一次洗发是洗去头发上的污垢、油腻，以使冷烫液能顺利地进入皮质层；第二次洗发是洗去化学反应后的残留物质，去除异味，继而使用护发素，关闭表皮层。在烫发洗发时，应按发质的不同而选用相应的洗发液。

染后洗发时，要使用专业香液，以洗去发根、发杆、发梢

上的染膏。档次高的染发液中含有清洗剂成分，所以，一般要在乳化、清水冲洗干净后，用少量的染后香波清洗头发。清洗的目的：一是用护发素洗去头发表皮层及表皮缝隙中的残留染膏；二是保护头发，不至于过多地洗去发色；三是用护发素关闭毛鳞片，紧固表皮，封锁皮质层，使色泽不易流失，并使表层产生反射光泽。

焗油的作用是填补头皮缺损部分，尤其是脱落的毛鳞片。焗油膏一般含有一部分油质，故焗油后清洗头发时用的香波的去油能力要相对低一些，否则会使刚补上去的缺损再次暴露出来。焗油的作用是暂时性的，故在焗油后，洗发不能“太认真”、“太仔细”。

### 2. 护发产品

（1）护发产品的定义

护发产品是在用洗发香波清洁头发之后用于护理头发的产品，主要功能是使头发恢复生机，易于梳理，柔顺及有光泽。护发类用品种类、品牌有多种，常见的有护发素、营养焗油膏、修护受损头发使用的发油等，它和洗发液配合使用，可使发质更加健康，头发柔软、有光泽，不产生静电和富有弹性。

（2）护发产品的种类

护发产品的种类有很多，如洗发液（精）、护发素、营养油，修护霜、护发油、氨基酸、复卷素、精发素等。护发用品涉及营养、卫生、物理、化学等多方面的科学知识。其主要作用是使头发健康、柔顺、有光泽、不产生静电，富有弹性、补充头发营养水分、治疗、促使毛发康复等作用。其主要成分有维生素配方、阳离子蛋白、丝蛋白、果酸精华、芦荟汁、活性氨基酸、矿物质、高蛋白质，滋养液等。

从感觉上看，护发产品的液体黏稠，并伴有弹性丝度、膏状，手感平滑。用后则会有光泽、温和的香味，使头发不会互相摩擦和打结。

（3）护发素

护发素亦称润丝，一般与香波成对使用。洗发后将适量护发素均匀地涂抹在头发上，轻揉 1 分钟左右，再用清水漂洗干净，故也有人称其为漂洗护发剂，属于发用化妆品。

1）护发素的作用。

一般认为，头发带有负电荷。用香波洗发后，会使头发带有更多的负电荷，从而产生静电，致使梳理不便。使用了护发素，其主要成分阳离子季铵盐可以中和残留在头发表面带阴离子的分子，并留下一层均匀的单分子膜，会给头发带来一系列好处：柔软、有光泽、易于梳理、抗静电，并使头发的机械损伤和化学烫、电烫、染发剂所带来的损伤受到一定程度的修复。

健康的头发表层由一组完整的毛鳞片和自然分泌的油脂构成头发的保护膜，过多洗理、烫染、阳光曝晒都会破坏这层天然保护膜，导致皮层水分流失，使头发干枯，失去弹性和柔软性。只有经常使用护发素，才能形成持久的头发的保护膜，使头发免受伤害。此外，它还可以令头发中的表皮屑更好地附在发丝上，滋润头发，修补断裂的头发皮质与髓质，因此对于头发的呵护有相当大的作用。

2）护发素的种类。

根据护发素留置在头发上的时间又可以分为置留型护发素、润丝型护发素、瞬间型护发素、深部型护发素等四种。

① 置留型护发素：用毛巾擦干头发后，将这种护发素用于头发上。这种产品具有防止热伤害功用，可以在每根发丝上形成薄膜，使头发直径稍增，增加头发的光泽，让头发更易于打理。适用于防止头发干燥、受损，使头发易于梳理及造型，特别是经常使用吹风机造型的头发。

② 润丝型护发素：这种产品很像我们平日护肤用的胶囊状的精华素，用在洗后的湿发上，可以恢复头发的中性，增加头发光泽，令发丝易于梳理，适用于干性发质和受损发质。

③ 瞬间型护发素：在洗发以后马上使用，留置时间约 1 分钟，再用水冲洗掉。这种产品的润丝效果并不十分理想，但可以使头发容易梳理，修复头发的能力也有限，大部分家用与美容院使用的产品多是这种。这种产品适用于轻微受损的头发，增加头发湿度，同时也适合在每次洗发后使用。

④ 深部型护发素：以乳霜形态存在，使用时要在头发上保持 10～30 分钟，并用吹风机或温毛巾热敷。这种产品适用于化学性受损的头发，如烫发或是染发以后，同时适合每周使用一次。

3）护发素的配方。

护发素通常由四大“配方块”构成，各块的功能和常见用料如下。

第一配方块：柔顺调理块。

主要功能是中和洗后过剩的阴离子（负电荷），消除静电，从而使头发易梳理和柔顺。用料主要是“阳离子型表面活性剂”，目前这些“阳离子型表面活性剂”和早期相比，最大的变化是原始料天然化，通过化学改性大大提高了效果，成分本质变化不多。

第二配方块：功效块。

如今的护发素已不是一个单纯抗静电、易梳理的产品，也包含以下许多功能。

① 去屑止痒：添加了 ZPT、CLM、OCT、NS、HP100、中药合剂等（法规准许使用的）。

② 保湿滋润：常用原料有甘油、丙二醇、山梨醇、氨基酸（NL-50 等）、NMF、HA、海藻多糖水溶性油脂、维生素 $B_5$ 等。

③ 营养修护（防晒、毛鳞片、开叉、护色、光亮等）：植物蛋白（小麦、大豆、燕麦等）、天然精油、萃取精华液、维生素 E、B 族维生素，天然油脂、天然氨基酸等。

④ 防脱防断防白发：生化原料（生长因子）、复合植物萃取精华、维生素类。

因此，护发素产品演变出润发素、焗油膏、发膜等，但本质一样，只不过护发素更强调护理修复效果。

第三配方块：赋香。

合成香精→半合成→纯天然芳香精油→无添加。

第四配方块：防腐。

甲醛释放型（已禁用）→无甲醛释放型→天然型→无添加。

### 3. 固发用品

(1) 固发用品的定义与作用

固发用品（又称定型剂）是我们平常在工作中为客户造型时所用的定型物（如发胶啫喱

水、啫喱膏、摩丝、发蜡、复卷素、弹力素等）。其主要作用是可以根据发型师所设计发型的形状进行定型，它可以塑造出不同的发型效果，令头发形状保持持久。如果半干状态的发丝使用定型品，可使头发显得自然、富有活力。细软发质可选用发胶、特硬啫喱水、摩丝等固定发型。粗硬发质可选用发蜡等固定发型，而烫染过的头发则应选用复卷素与弹力素定型。固发用品的主要功能是保持或固定头发的形状，并包括一系列不同的形态。

（2）固发用品的分类

固发用品的种类有定型发胶（分为一般型和特硬型）、摩丝、啫喱及发蜡等。其主要作用是根据发型的特点使用不同的定型剂，可以塑造出不同的发型，还可以使做好的发型保持持久。不经吹风的发型使用摩丝或啫喱膏会显得头发自然且富有活力。

1）定型发胶。

定型发胶是最有效的头发塑形的工具。高质量的定型喷发胶是由易挥发的原料配制而成的，容易使头发定型，用后无油污、无污染。喷在头发上，可使头发表面上形成一层极薄的保护膜，使头发成型，并能保持头发原有透气性。使用定型发胶后，头发富有健康光泽及弹性。定型发胶的使用方法是，洗发后适当揩干头发，按发式要求吹梳造型，可适当涂抹定型摩丝后造型，显示发式初步轮廓。在需要定型部分的头发处（主要是刘海和鬓发部分），喷上定型发胶，用手指整理定型。

发胶的分类：干胶和湿胶。湿胶：黏度强，但水分多湿度大，喷在头发表面显得头发比较厚重。干胶：水分少，干得快，比较轻盈，易于梳理，在定型发尾、刘海时常用。

2）摩丝。

一般广为应用的摩丝有防晒摩丝、焗油护发摩丝、护发造型摩丝、貂油摩丝等几个品种。

① 防晒摩丝：不含酒精成分，对头发无损害。具有湿亮感觉，不油腻。对染发、电烫、干性及受损发质有滋润作用，令造型持久且具有层次感，用后秀发更丰盈，有弹力。

② 焗油护发摩丝：富含维生素 E、$B_5$ 源及多种高级植物油，能有效渗透于头发表层鳞片结构中，补充养分，修护受损发质，防止头发开叉折断。其中的阳离子物质可消除头发静电，易于梳理头发，胶脂类物质在头发表面形成一层保护膜，可防止阳光中紫外线及有害灰尘对头发的直接损害，水溶性好，用水稍加湿润梳理即可再现原来的定型效果，易于清洗。其使用效果甚至比蒸汽焗油还好，而且可免去蒸焗、冲洗的麻烦。

③ 护发造型摩丝：其泡沫雪白幼滑，气味清新自然，既有护发功能，又有定型功能，令头发富于弹性、充满光泽，尤其适用于电烫后的曲发和天生幼细的发质。

④ 貂油摩丝：含有天然丝蛋白及貂油成分和精选名贵天然成分，能去头屑、止头痒等。

3）啫喱。

市面上有众多品牌的啫喱，按其功用大致可分为防晒啫喱水、营养啫喱水、保湿定型啫喱水和特硬定型啫喱膏。

防晒啫喱水不含酒精成分，不会损害头发。

营养啫喱水特别为现代喜爱自然发型之人士而配制，不含酒精，尤其适于干性、电烫、漂染后的发质，其内部含有多功能护发元素，如维生素 $B_5$，用后令秀发备感健康亮泽。

保湿定型啫喱水具有特有的滋养成分，如植物精华、蛋白质、维生素等，极容易为头发所吸收，有效帮助秀发保持湿亮。

特硬定型啫喱膏具有强力固发功能，能发挥最佳局部造型效果，特别适合创造前卫发型。

4）发蜡。

① 质地：发蜡为白色硬质蜡状，根据产品不同，其质地不一。

② 特点：用后不起白屑，服帖度好，容易修改。

③ 适用对象：处理发根和毛躁的头发表面；适用于扭结的短发或卷发，令头发造型自然。

④ 用法：直接用胶棒擦抹在需要定型的部位。

⑤ 发蜡分类：水性发蜡——可防毛躁、改善自然卷，提升头发的光泽度；油性发蜡——用来维持发型，适合用来固定卷发；凝土发蜡——可创造具有空气感的蓬松发型，多半用于局部发尾处。

（3）定型产品的区别和使用方法

① 发胶：中短发专用。同样是直发专用造型品，但因为发胶黏性更强，所以较适用于中短直发，使短直发除了定型外，还能维持柔顺感，这也是多数男士都仰赖发胶维持造型的原因。

使用方式：将发胶挤在手上，抹在半干的头发上，自然风干即可。

② 啫喱水：中长发适用。啫喱水有让线条、层次更明显且服帖的效果，可做出许多令女孩喜爱的柔亮、线条分明的中长直发。但若是完全没有层次、发线整齐的直长发造型，就不适用打啫喱水了。

使用方式：将啫喱水抹于手上，再均匀抹在全干的头发上，由上往下抓顺即可。

③ 发蜡、发泥：超短发、多层次发适用。发蜡、发泥是所有造型产品中，支撑性、黏性、持久度最强的，所以像是曾经非常流行的刺猬头、叛逆味十足的朋克头都只有发蜡才能做到。传统上认为长发不适用发蜡，其实是因为长发都是柔顺造型。但若是长发者想塑造个性美，就该舍弃啫喱水而改用发蜡，同时这些产品都可以避免头发到处“乱飞”。

使用方式：将发蜡或发泥涂在手上，抹在全干的头发上，用力抓头发，拉成想要的造型即可。

④ 定型喷雾：适用任何发型、长度。等同于定妆散粉的概念，使用上述造型产品后，都需要再使用定型喷雾加强效果，不受风吹影响。

使用方式：完成头发造型后，在距离头发 20～30 厘米处均匀喷洒定型喷雾。

### 4. 烫发产品

（1）烫发的含义

烫发是一种美发方法，分为物理烫发和化学烫发，现在用得最多的是化学烫发。烫发的目的有两个：使头发更丰富（具有卷曲的效果）；改变头发的形状、走向（具有卷度不是很大的效果）。

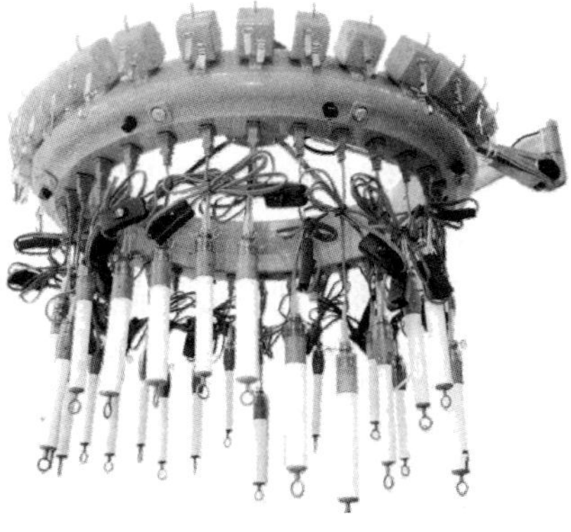

最早的烫发系统由德籍查而·那丝勒于 1906 年研发，此系统的烫发剂乃碱，即硼砂、苏打胺类，如乙醇胺等。通过加热器，一般超过 100℃来使头发永远变卷，故此也称热烫。1932 年美籍的克拉与史毕曼改用无机的还原烫——硫化物，依然需要加热。现代的烫发剂已很少以硫化物为主要原料。1941 年以后，有机还原剂的发现使二硫键能够在不加热的情况下被分解，而重组作用可通过简易化学氧化作用，如过氧化氢。此时，所谓的冷烫便面世了，而真正健康的还是热烫，所以冷烫一直没有热烫流行。

（2）烫发药水

1）烫发药水的定义：烫发药水又叫烫发水，一般烫发药水都是两剂一个组合，第一剂为软化剂，第二剂为定性剂。它结合影响发质的气候、饮食等因素，采用南北差异化配方，可激活、强化、重建头发脆弱细胞，让头发享受 360° 全方位保护，避免头发烫后干燥无光泽，保持头发生命之初的健康。

2）烫发药水的成分：通常由烫发剂和中和剂组成。烫发剂主要是由硫代乙醇酸和氨化学成分混合配置的合成物，其中硫代乙醇酸是活性成分，是改变头发结构的主要成分。氨是碱性的，能使头发膨胀。烫发药水的浓度可由增加或减少其硫代乙醇酸和氨的含量加以改变。中和剂含有过氧化氢和溴化钠的成分，一般与含护发剂的成分配合使用。

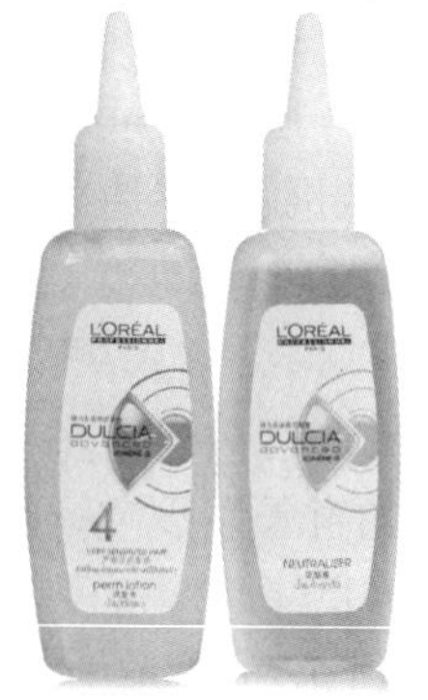


主要成分：氢硫基乙酸——含有氢原子，在烫发过程中把硫键锁分开；阿摩尼亚（氨）——打开头发表皮层，使头发膨胀且容易吸收药水；其他成分——护发成分、香料、蒸馏水。

这是一般市场上的烫发药水的成分，与专业品牌的烫发水配方也有所不同，他们根据不同公司研发不同配方配料，这也是体现他们专业的一个方面。

3）烫发药水的作用。

① 第一剂：主要成分为胱氨酸或阿摩尼亚，使用这些成分的作用是使毛鳞片软化与膨胀，以利于主剂硫化物的渗透与吸收，达到切断 45%二硫化物键的作用，但使用过度则会造成毛发结构松弛、多孔、无弹性。

② 第二剂：主要成分为溴酸钠或过氧化氢，使用此类氧化剂的目的是使卷度在新的位置得到固定（定型），但使用过度则会造成毛发干燥、开叉、断裂、颜色变浅等现象。

（3）烫发剂

烫发剂里含有含氢硫根的氨基酸和阿摩尼亚及其他附加物。含氢硫根的氨基酸有分解作用，如巯基乙酸、乙硫甘醇酸、阿摩尼亚、受冲剂和香料等。在烫发的过程中，能把头发表皮层分子结构的链锁打开，阿摩尼亚可以软化头发的表皮层，使头发膨胀成型，利于烫发剂其他成分的吸收从而切断二硫化物键，使头发随着物理卷绕作用而变卷或变直。烫发剂的分类如下。

1）碱性烫发剂：主要成分是硫代乙醇酸，pH 在 9 以上，属于抗拒性烫发剂，适合于头发较粗、软硬、没烫过、没染过的头发。在头发潮湿状态下使用效果好，干燥状态时使用效果较差。

2）微碱性烫发剂：主要成分是碳酸氢铵，pH 在 7～8，属于普通烫发剂，特别适用于正常发质、细软发质或轻度发质，在头发干燥状态下使用效果好，潮湿状态时使用效果较差。该烫发剂应用面比较广。

3）酸性烫发剂：主要成分是碳酸氨，加以少许胱氨酸。pH 在 6 以下，已接近头发正常的 pH，它对头发具有一定的保护作用，在目前烫发剂中，也算是最好的烫发剂。在头发干燥时使用效果较好，潮湿时使用效果较差。

（4）定型剂

定型剂是一种酸化较浓的溶液（中和剂），主要成分是钠、钾、溴酸盐、过氧化氢四种。由于过氧化氢具有褪色的弊端，所以现在厂家大多使用溴化钠。中和剂的作用是，因中和剂中的过氧化氢会使二硫化物键中的胱氨酸的氢消失，氢消失后的半胱氨酸分子与硫原子相结合，会形成一个新的胱氨酸分子，这样头发的卷曲形状就会被固定。

（5）受损发质与烫发药水的选择

无论头发是由于何种原因造成的损伤都会变得干燥。而干燥的发质在潮湿状态下的吸水性比正常发质的吸水性要强得多，当然吸收烫发药水的能力也会增强数倍，可想而知，头发的损伤程度也会成正比增大。根据以上情况，在选择烫发药水时，一定要选择受损发质专用的烫发药水或含有烫前护理、烫中护理的烫发药水，这样可以减弱头发对烫发药水的过度吸收。

5. 染发产品

（1）染发分类

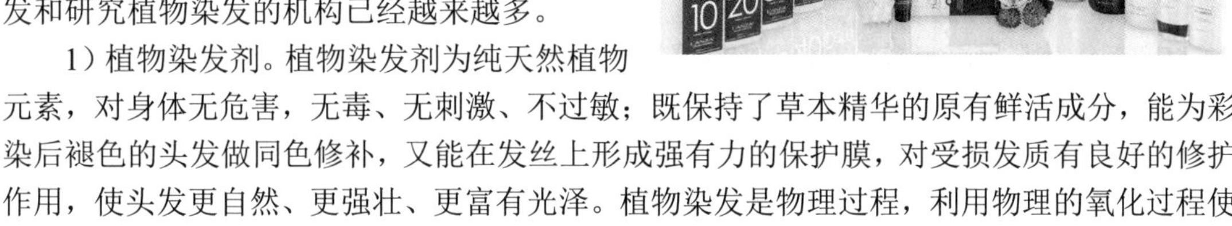


染发分为植物染发和化学染发，植物染发的特色是不伤害身体，缺点是颜色单一；化学染发污染严重，而且会破坏血液系统。因此植物染发已经逐渐被人们接受，而且宣传植物染发和研究植物染发的机构已经越来越多。

1）植物染发剂。植物染发剂为纯天然植物元素，对身体无危害，无毒、无刺激、不过敏；既保持了草本精华的原有鲜活成分，能为彩染后褪色的头发做同色修补，又能在发丝上形成强有力的保护膜，对受损发质有良好的修护作用，使头发更自然、更强壮、更富有光泽。植物染发是物理过程，利用物理的氧化过程使滋养元素像一层膜一样附着在头发和头皮上，滋养和呵护头发，滋养毛囊。

2）化学染发剂。化学染发改变的是头发的自身结构和腐蚀头皮的过程，造成氨腐蚀和侵害毛囊。染发剂接触皮肤，而且在染发的过程中还要加热，使苯类的有机物质通过头皮进入毛细血管，然后随血液循环到达骨髓，长期反复作用于造血干细胞，导致造血干细胞的恶变，进而导致白血病的发生。而染发剂之所以会导致皮肤过敏、白血病等多种疾病，是因为染发剂中含有一种名叫对苯二胺的化学物质。据研究，对苯二胺是染发剂中必须用到的一种着色剂，是国际公认的一种致癌物质。

（2）染发品的分类

按照染发品的性能可以将其分为以下四类。

1）暂时性：只黏附在头发的表皮鳞片上。特点是不会彻底改变头发天然色素（一次性）。

2）半永久性：色素渗透在头发的表皮鳞片的缝隙当中。特点：光泽度较强，可洗发6～8次。

3）氧化半永久性（6%以下双氧）：色素渗透在表皮层之下、皮质层之上，光泽度强。特点：只能染深，不能染浅。

4）氧化永久性（6%、9%、12%）：色素完全渗透在皮质层当中，光泽度较强。特点：可以使头发内部的天然色素变浅，既可以染深，也可以染浅，100%覆盖白发，颜色之间可以相互调配。

（3）染发剂

染发剂是给头发染色的一种化妆品，分为暂时性染发剂、半永久性染发剂、永久性染发剂。

染发剂的作用是通过染发膏体内氨的作用放出氧分子，氧分子再把天然色素漂浅至目标色度的底色；还有部分氧分子将人工色素氧化，经过 40～50 分钟的时间后，所需要的颜色已被氧化，最后的结果是将两种颜色合成即染发膏颜色加上已调好深浅的底色，从而改变头发原有的颜色。因此，染发的过程即漂浅天然色素和氧化人工色素的过程，染发剂渗透进头发的表皮层，沉积到头发的皮质层中后就会使头发的颜色改变。当染膏和双氧混合后，抹到头发上时，就会开始产生化学反应，染发剂中的阿摩尼亚就会开始膨胀，并使头发的表皮层的毛鳞片扩张。然后双氧剂中所含的人工色素进入皮质层内，头发里的天然色素开始减退，而人工色素的组合会变大，而且很难从皮质层内渗出，这样人工色素就留在头发上，从而改变了头发的本身颜色。在冲洗头发的过程中，最好是使用酸性洗发精（液）。因为它能使头发收缩，使头发表层的毛鳞片关闭，从而能更好地避免人工色素的流失，也就是平常所说的锁色。

（4）染膏

1）染膏的主要成分。

维生素 C：天然抗氧化剂、可丰润色素，使颜色更稳定、更饱和持久。

HD-V：使上色更容易、发色更有光泽。

羊毛脂：可修复头发、使多孔性发质得到修复。

阿摩尼亚：膨胀剂，呈碱性，能打开毛鳞片，膨胀蛋白质，帮助人工色素渗透。

人工色素：呈不规则状，渗透于头发内部结构中，由双氧奶膨胀固定。

2）染膏的特点。

① 具有简单易懂的专业颜色数字代码。

② 特有的香氛剂添加令染膏传统刺激气味降到最低。

③ 富含维生素 C：染后具有焗油效果，发质不枯燥，色泽更持久。

④ 具有良好的遮盖白发能力，操作方法简单，染护同步进行。

⑤ 含有清洁成分：染后冲水无须使用洗发香波，可直接按摩冲水。

⑥ 可以成功染浅 4～5 级。

⑦ 可永久改变天然发色，经氧化过程后很容易再次染浅，为发型师提供了更广阔的彩色创作空间。

（5）双氧奶

双氧奶具有双重氧化的作用：①氧化分解天然色素；②氧化膨胀人工色素。

1）可作为漂淡作用物：双氧水可软化头发的表皮层，使其被渗透，达到漂淡头发皮质层色素的色调与色度的效果。但是使用不当或连续使用漂淡会使头发干燥、干枯且易断裂。

2）可作为软化作用物：双氧水可软化头发的表皮层，并使其更易接收氧化染发剂的渗透，以达到染发的效果。

# 任务 1.3　美容护肤产品

**学习目标**

**知识**

1．了解美容护肤产品的发展史。
2．掌握美容护肤产品的分类。
3．掌握常用面部护肤产品的作用与使用。

**能力**

1．具有为顾客设计护肤方案的能力。
2．能够根据顾客的皮肤类型灵活选用护肤产品。
3．具有收集处理信息的能力，获得新知识的能力。
4．具有灵活的应变能力。

**情感、态度、价值观**

1．树立对真善美的价值追求。
2．认真负责，实事求是，具有细心踏实的工作态度。
3．具有社会责任感，努力为人民服务。



## 1.3.1　美容护肤产品发展历史

回顾护肤产品的发展历史，我们可以发现，人类的护肤理念正在随着社会的进步逐渐增强。从纯粹物理保护性化妆品打入空白护肤品市场，到当代精油护肤的概念风靡全球，护肤品也经历着一个又一个质的飞跃，而在这巨大的飞跃背后，也正说明了一个现象：人类正在逐渐探寻一种更加天然、更加安全的方法，以求更有效地护理肌肤。

1）第一代护肤品，以油脂类护肤品为代表。其配方很简单，针对肌肤干燥的问题，利用油脂物理锁水的原理，简单地将动物油、植物油或是矿物油覆盖在肌肤上，以防止水分蒸发，起到为肌肤保湿的作用。这类护肤品通常价格便宜，配方刺激也很小。缺点是，不含任何护肤作用，而且容易造成油脂堵塞毛孔，不适合油性肌肤的人使用。代表：甘油、蛤蜊油。

2）第二代护肤品，以乳类护肤品为代表。乳化工艺配合乳化剂将水油融合，制成了不同质地的乳液乳霜。这其中已经增添了一些有效的护肤成分，针对不同肤质的人也有了一些不同的产品。代表：珍珠霜。

3）第三代护肤品，以添加有天然植物的提取物、牛奶、蛇胆等成分的护肤品为代表。虽然第三代护肤品较第二代相比，添加了一些植物提取物，但是由于人体肌肤自身特点，添加的很多营养成分都无法与人体生理结构融合，因此无法渗入肌肤底层，被肌肤深层吸收。代表：蛇油膏、含植物精华的面霜。

4）第四代护肤品，以精油护肤品为代表。在添加护肤成分的基础上，更加注重吸收的效果和对身体机能的调整效果。经过精油护肤专家研究发现，植物精油的分子极小，而且渗

透力极高，与皮肤油脂具有很强的亲和作用。通过使精油成为化妆品中的主要活性成分，可以使植物活性成分进入身体循环，将具备生物活性的植物精油与人体肌肤构成分子很好地融合到一起。试验室研究数据表明，精油护肤品的吸收率是普通化妆品的70倍以上，其中的纯天然植物精油可以增强皮肤的渗透性，更有效地促进肌肤对营养的吸收，同时对机体由内而外进行调理，调整身体内分泌，缓解紧张、烦躁的情绪。代表玫瑰精油、薰衣草精油。

### 1.3.2 美容护肤产品分类与应用

#### 1. 美容护肤产品的分类

（1）按产品作用和用途分类

美容护肤产品按产品作用和用途分类如下表。

**按产品作用和用途分类**

| 类　型 | 主要产品 |
|---|---|
| 清洁类 | 美容皂、清洁霜、洗面奶、洁面乳、磨砂膏、去角质膏（液、霜） |
| 护肤类 | 化妆水、按摩膏（油）、雪花膏、冷霜、乳液、润肤霜、精华素、面膜、精油、眼霜（啫喱）、护唇膏、手霜、美体霜 |
| 修饰类 | 粉底霜、蜜粉、腮红、眼影、唇膏、眉笔、睫毛膏、指甲化妆品、香水 |
| 特殊用途类 | 祛斑霜、美乳霜、减肥霜、脱毛液、除臭霜（液、粉）、粉刺露、黑头导出液、防晒霜（啫喱） |

（2）按工艺和外观形态分类

1）液体型，如化妆水等。

2）乳液型，如保湿乳等。

3）膏霜型，如清洁霜、洁面膏等。

4）凝胶类，如眼部凝胶、凝胶面膜等。

5）油剂型，如按摩油、防晒油等。

6）粉型，如面膜粉等。

#### 2. 美容护肤产品的应用

美容护肤产品包括清洁卫生类化妆品、护肤化妆品、治疗保养品、营养化妆品、美容化妆品等。

1）清洁卫生类化妆品。可去除皮肤表层的彩妆、油、污垢，或者去除表皮外层的老化角质，即死细胞，保护皮肤健美，起到深层清洁的作用，如香皂、卸妆水、洗面奶、去角质霜、磨砂膏及某些清洁面膜。

2）护肤化妆品。其特点是保护及营养皮肤，使皮肤免受或减少自然界的刺激，防止化学物质、金属离子等对皮肤的侵蚀，防止皮肤水分过多丢失，促进血液循环，增强皮肤新陈代谢功能。长期使用可令皮肤柔软、滋润、细腻而有张力，如雪花膏、香霜、护肤霜、奶液、冷霜、防水霜、防油霜、防纹霜、防晒霜、柠檬香霜、营养香霜、清凉香脂等。

3）治疗保养品。一般含有某种药物成分，其特点是针对性强、使皮肤的问题得到改善及治疗，如雀斑霜、粉刺霜、痱子粉、祛臭剂、抑汗剂等。

4）营养化妆品。使皮肤保持光泽，并促进其新陈代谢。现代化妆品中往往加入了不同的营养成分，如银耳、水解液、蜂王浆、人参、花粉、麦芽油、磷脂等。其中低分子量的有效物质容易随乳剂被皮肤所吸收，使皮肤有保持水分的功能，补充天然调湿因子的不足，逐渐使皮肤润滑，促进微血管扩张，增加细胞活力，达到延缓皮肤衰老的目的。

5）美容化妆品：也称修饰化妆品或粉饰化妆品，用于美化面容，增加魅力，改变容貌，因此与基础化妆品用途有很大差异。常用的美容化妆品有唇膏、胭脂、指甲油、睫毛膏、眼影粉、眼线笔、粉饼、香水等。

### 1.3.3 具体美容护肤产品

#### 1. 面部护肤产品

（1）清洁类护肤用品

清洁皮肤是皮肤护理的第一步，是保持肌肤卫生和健康不可缺少的一个环节，同时也是皮肤护理的基础。当皮肤在进行新陈代谢时，会分泌出皮脂和汗液，与灰尘混合形成污垢。洁肤产品的目的则是去除皮肤表面的皮肤角质层的屑片、皮脂的氧化分解物、汗液的残渣等皮肤生理代谢产物，以及空气中的尘埃、微生物，还有女性使用的美容化妆品等。

根据人体污垢来源的不同，可将污垢分为三种类型，即油溶性污垢、水溶性污垢和不溶性污垢。油溶性污垢主要由皮肤分泌的皮脂、润肤剂的残留物、防水化妆品组成，这类污垢要使用亲油性清洁剂来去除；水溶性污垢的来源为亲水性化妆品、可溶性皮肤分泌物和污垢，此类污垢则要用亲水性的清洁剂来清除；不溶性污垢为老死的细胞、美容化妆品的颜料、使用硬水时沉淀的金属皂。

应日常使用的为洗面奶、清洁霜、美容皂、卸妆油。应定期使用的为磨砂膏、去死皮、去角质。几种常见的清洁类护肤用品如下。

1）美容皂。

美容皂是含有表面活性剂，能产生大量泡沫并利用泡沫洁面的一种碱性香皂，用于清洁皮肤的美容皂依据 pH 的不同可分为弱酸性皂、碱性皂、中性皂，按功能可分为美白皂、保湿皂、除臭皂、减肥皂等，按物理性状还可分膏状皂、液体皂、固体皂（透明皂、浮皂等）。

① 作用：利用表面活性剂使表面张力降低的作用达到一定的洗净力。其质地细腻、紧密，泡沫丰富，能去除皮肤表面的油性污垢，去污力强，可用于全身，使用方便。

② 使用方法：先将面部用温水浸湿，把美容皂放于掌心间，蘸适量清水并搓揉，产生泡沫后涂抹在皮肤上，轻柔地做环形按摩，再用温水清洗。

2）清洁霜。

① 作用：清洁霜是以矿物油为主体的清洁用品。主要用于去除化妆皮肤和过多油脂皮肤的清洁，并有保护和营养皮肤功能的清洁产品，利用相似相容的原理，达到清洁的目的。卸妆的效果好于美容皂，对皮肤的刺激性小，使用后可在皮肤上形成一层保护膜保护皮肤。

② 使用方法：将适量清洁霜涂于皮肤上，待与面部污垢完全溶解时，再用纸巾擦拭，然后用温水洗净。

3）洗面奶。

洗面奶是目前市场上最为流行的洁肤用品，品种繁多，是一种不含碱性或含弱碱性的液体软皂。洗面奶利用表面活性剂清洁皮肤，对皮肤无刺激并可在皮肤上留下一层滋润的膜，使皮肤细腻光滑。洗面奶主要用于日常普通洁肤及卸除面部淡妆。

① 作用：洗面奶色泽纯正、香气淡雅、质地细腻，具有较好的流动性、延展性和渗透性。用它洗脸能去除面部的汗渍、油垢、粉底、皮屑等，用其卸妆能彻底洗去油彩、脂粉、唇膏、眉笔迹等，它最适合洗去难以去除的眼影膏。有一些特殊性质的洗面奶还可以在无水条件下使用，不仅能清洁面部皮肤，同时还兼有护肤、保湿、营养皮肤等功能，用后能使面部肌肤柔嫩光洁。

② 使用方法：在面部涂适量洗面奶，轻柔地打圈，然后用温水洗净。

4）卸妆油（液）。

① 作用：以矿物油为主体的卸妆用品。主要用于卸除面部浓妆及油彩妆，其清洁的机理主要是油溶性，对于油彩妆的清洁效果比清洁霜更为显著，但对皮肤的刺激也强。

② 使用方法：用浸有卸妆油的棉棒或棉片擦拭面部的彩妆部位，包括眉毛、眼部及唇部等。

5）磨砂膏。

① 作用：磨砂膏内含有植物细小颗粒，可深入清洁表皮老化的角质细胞、多余油脂和污垢，还可轻度淡化色斑，令皮肤白皙、光滑。它适用于中性、油性及混合性皮肤。

② 使用方法：待蒸汽蒸面后，在软化的皮肤上，施用适量的磨砂膏进行磨面后清洗干净。

6）去角质啫喱（凝胶）。

① 作用：去角质啫喱性质温和、不刺激，可软化并去除皮肤表面的老化角质细胞，促进血液循环，增强细胞再生，使皮肤爽洁、润泽。它适用于油性皮肤、痤疮及敏感皮肤，是目前比较流行的产品。

② 使用方法：将去角质啫喱涂在清洁后的皮肤上，用手搓揉，然后清洗。

（2）护肤类护肤用品

护肤类护肤用品是指滋润、保养、美化皮肤的产品。此类护肤品的作用是使皮肤得到养护，免受或减少自然界的有害损伤，防止化学物质对皮肤的侵蚀；补充皮肤水分、油及营养物质；促进血液循环，使肌肤更健康。

1）化妆水。

化妆水也称收缩水或爽肤水、养肤水。化妆水一般为透明液体，通常是在用洁面剂等洗净粘附于皮肤上的污垢后，以给皮肤的角质层补充水分及保湿成分，调整皮肤生理作用为目的而使用的。化妆水兼备清洁皮肤和补充水分，以保护皮肤的功能。近年来，化妆水更着重于保持皮肤水分均衡、控制油脂积聚、营养皮肤、清除皮肤表面的过氧化脂质和活性脂酶，使皮肤清洁、爽洁。

① 种类和作用。

收敛性化妆水。这类化妆水通常又称为收缩水。它呈透明或半透明状，用以抑制皮肤分泌过多的油分和调节肌肤的紧张，因而，含有作用温和的某些收敛剂。它除了具有舒爽的使用感外，还有防止化妆底粉的散落作用。男士用的须后水就是一种收敛性化妆水，其特点是含酒精成分较多，并添加了能消除刮脸时而引起的疼痛感的添加剂。收敛性化妆水一般呈微酸性，接近皮肤 pH。

洁肤用化妆水。这类化妆水对简单化妆品的卸妆等具有一定程度的清洁皮肤的作用。一般用水、酒精和清洁剂配制而成，以使皮肤轻松、舒适和清洁，一般呈微碱性。

柔软和营养性化妆水。这类化妆水主要以保持皮肤柔软、湿润、营养皮肤为目的，有时添加小量温和杀菌剂，以达到抑菌的作用。在产品中添加天然保湿因子，如吡咯烷酮羧酸钠、氨基酸和多糖类等水溶性保湿成分。一般呈微碱性，适用于干性皮肤。

其他化妆水。配有炉甘石的化妆水，有抗炎作用；用作皮肤晒黑后护肤用的化妆水；添加油分的分层型化妆水，使用时必须摇匀，它是具有与一般化妆水不同特点的摇溶型化妆水，其性质处于化妆品与乳液之间。此外，还有一些稀释凝胶型（啫喱水）的化妆液。

② 使用方法：清洁皮肤后，将产品涂抹或弹拍在皮肤上，可促进吸收。

2）乳液。

① 作用：乳液是一种水包油型的半流动状液态乳化体，它含水量大、渗透性强，易被皮肤吸收，使皮肤感觉清爽而不油腻，适用于中性皮肤、干性皮肤、油性皮肤及混合性皮肤。

② 使用方法：清洁皮肤后，将乳液涂抹于皮肤上，然后以轻拍的手法使产品渗透进皮肤。

3）润肤霜。

① 作用：润肤霜可营养、滋润皮肤，补充水分和油分。润肤霜的种类繁多，如保湿霜、营养霜、日霜、晚霜等，适用范围较广。

② 使用方法：在面部，尤其在皱纹处及眼周围均匀涂抹润肤霜后可稍加按摩。

4）按摩膏。

① 作用：按摩膏可润滑皮肤，减少摩擦，起到保护皮肤的作用，并可适量补充皮肤营养，排出体内废物，令皮肤滋润、柔软，适用于中性皮肤、干性皮肤及衰老皮肤。

② 使用方法：涂匀在皮肤上，配合按摩手法，操作15～20分钟之后清洗干净。

5）精华素。

① 分类及作用：它是以多种植物精华素、生物精华素、维生素和活细胞素等浓缩而形成的，可用美容仪器导入皮肤，是提升皮肤效果的佳品。精华素常见种类有以下几种。

果酸精华素：可收缩毛孔、平衡皮脂分泌，并可漂白皮肤，适用于油性皮肤及色斑皮肤。

胎盘精华素：可补充皮肤营养，滋养深层皮肤细胞，加速血液循环，减少皱纹生成，适用于干性皮肤及衰老皮肤。

胶原精华素：可补充皮肤蛋白质，增加皮肤弹性，适用于干性皮肤和衰老皮肤。

美白精华素：可深层渗透，有效抑制黑色素生成，防止皮肤氧化及水分流失，令肌肤白皙，适用于色斑及晦暗的皮肤。

舒肤精华素：蕴含抗敏舒缓神经因子，可有效抑制自由基活动，防止皮肤过敏及老化，减缓皮肤压力，可改善敏感皮肤的不良状况。

② 使用方法：精华素可直接涂抹于皮肤上，用手按摩以促进吸收。精华素宜配合仪器使用，如用超声波美容仪等导入。

6）眼霜。

① 作用：眼霜可有效消除眼部皱纹，缓解眼部水肿，淡化黑眼圈，滋养眼部皮肤，但特别敏感皮肤不宜使用。

② 使用方法：取适量涂抹于眼周围，加以按摩。力度适中，不宜过重，切勿将眼霜弄进眼睛里。

7）面膜。

面膜是一种融清洁、护肤、美容为一体的多用途化妆品，它通过敷或者涂抹于面部，经过一定时间后，将薄膜揭掉或用水洗去，达到美肤护肤的功效。

① 作用：能深层次清洁皮肤的废物和老化角质；能刺激皮肤，加速新陈代谢，改善皮肤的质地；能增加皮肤的湿润性，滋养皮肤，并使皮肤有清新感；能起到缓和爽肤的作用。

② 不同面膜的使用方法。

粉末状面膜的使用方法：取适量膜粉与蒸馏水混合搅拌成糊状，然后迅速将面膜涂敷于面部，待 15～20 分钟后，取下膜壳，清洗皮肤。

膏（胶）状面膜的使用方法：用面膜刷将膏状面膜均匀涂抹于面部，眼、口部空出，待 15～20 分钟后，由下向上揭除面膜，清洗皮肤。

片状面膜的使用方法：使用时将片状面膜直接贴于面部，待一段时间后即可揭下。

（3）特殊类化妆品

特殊类化妆品就是通过某些特殊功能以达到美容、护肤、消除人体不良气味等目的的化妆品。它介于化妆品与药品之间，具有严格的特殊测试和卫生安全性评价。生产必须经国务院卫生行政部门批准取得批准文号方可生产。它包括防晒、祛斑、除臭、育发、染发、烫发、美乳、健美等几种化妆品。

1）防晒化妆品。是指具有吸收和散射紫外线作用，减轻因日晒而引起肌肤损伤功能的一类化妆品。优质的防晒化妆品在性能上具有高安全性、高稳定性，配伍性和防晒性好。主要产品为防晒霜（油、乳）。

① 作用：防晒霜（油、乳）具有吸收紫外线及减轻因日晒引起的皮肤损伤的作用。

② 使用方法：将防晒霜涂抹于暴露在外的皮肤上，包括面部、颈部、手臂和腿部等处。当皮肤因外界温度高而排泄汗液和油脂时，可在清洗该部位皮肤后重新涂抹，每隔 2 小时左右涂抹一次。

③ 防晒时间计算。SPF 防晒系数的数值适用于每一个人，其计算方法是，假设紫外线的强度不会因时间改变，一个没有采取任何防晒措施的人如果待在阳光下 20 分钟后皮肤会变红，那么使用 SPF 为 4 的防晒霜后，理论上可在阳光下逗留 4 倍时间（80 分钟），皮肤才会呈现微红；若选用 SPF 为 8 的防晒霜，则可在太阳下逗留 8 倍时间（160 分钟）；当他使用 SPF15 的防晒品时，表示可延长 15 倍的时间，也就是在 300 分钟后皮肤才会被晒红；依次类推。意思是一个 SPF 代表的防晒时间是 20 分钟。

PA 则代表防晒指数。

PA 的强度用＋来表示，多一个＋表示有效防护时间被延长，具体为：PA＋表示有效防护时间大约为 4 小时；PA＋＋表示有效防护时间大约为 8 小时；PA＋＋＋表示超强防护。

④ 使用注意事项。

在购买防晒霜时，要注意 SPF 值，这是防止 UVB 射线的。SPF 值不是越高越好，越高皮肤“呼吸”越困难，一些人还会过敏。在选择防晒品的时候还要注意防止 UVA 射线，防止这种射线指标用 PA 表示，加号越多防晒效果越好。

应安排在出门前 15 分钟涂抹，因为防晒霜擦上 15 分钟后才起作用。

身体各部位都应擦防晒霜，特别是在紫外线很强的地方。

将防晒霜涂抹在手背上，撒上水后，最好能形成水珠。

2）祛斑产品。是指用于减轻或去除皮肤上色素沉着的化妆品。

① 成分及特点。

成分 1：熊果素，原理类似氢醌，如果白天涂抹容易造成黑色素沉着，因而一定要注意防晒。

成分 2：果酸，同样会产生黑色素沉着，建议做果酸时一定要渐进式地加浓度，从低到高，白天要高度防晒，避免太阳直接照射皮肤，才能避免副作用发生。在专业美容诊所进行果酸换肤类的治疗也是一样的，由于果酸作用在角质层剥落，所以浓度配比、专业监督和治疗后的后期护理都需要谨慎对待。

成分 3：维生素 A，是适合夜晚使用的护肤品成分，白天用同样会有返黑问题。因此，可以在白天使用以保湿与防晒为主的护肤产品。

② 祛斑霜介绍。

作用：祛斑霜可御防紫外线，有效抑制黑色素的生成，起到淡化色斑、美白皮肤的功效。

使用方法：净肤后将祛斑霜涂抹于色斑处，加以按摩。建议在使用本品时不要使用其他化妆品。

③ 使用注意事项。

急慢性皮炎、毛孔扩张型、敏感者应慎用美白淡斑产品。孕妇、哺乳期禁用美白产品。

肤质敏感、皮质薄、皮肤严重干燥的人不要急于做美白祛斑护理，应先针对其皮肤的特点进行调理，让皮肤恢复正常后再使用祛斑霜。

做美白祛斑护理前要尽量做足补水、防晒措施，且在用美白产品的过程中不要与其他美白产品同时使用，以免影响效果或者找不到过敏源。

美白期间不要在太阳下曝晒，不能吃太辣、海鲜、牛肉一些发性食物，不要饮酒。

美白的精华素与霜应在晚上使用比较好。

如果在美容院做美白护理，按摩时间不宜过长，力度不宜过大，最好不要用热喷。

使用美白产品应该循序渐进，达到一定的效果时也应该慢慢地停用美白产品。

3）美乳霜（膏、凝胶）。

① 作用：美乳霜（膏、凝胶）中所含的营养物质能补充乳房发育所需，增加脂肪量，其内所含的添加剂则可以激发脑垂体及性腺的分泌，提高体内雌激素的水平，达到促进乳房发育、防止松弛下垂并使其丰润而有弹性的目的。

② 使用方法：取适量美乳霜涂抹于乳房处，加以按摩、揉捏乳房，可刺激乳根、膻中等穴位，促进产品渗透，每日 2 次。如在使用产品期间乳房出现红肿或乳头变大等现象，应立即停用，一般经过一段时间后可恢复正常。此外，应严格按产品说明使用。

4）健美霜（减肥膏、苗条霜、减肥凝胶）。

① 作用：健美霜又称减肥护肤用品，利用药物成分渗透至皮下参与脂肪代谢，并可利用按摩、热敷加速药物吸收，抑制和减少脂肪合成，加快体内脂肪的分解与排泄，减少局部脂肪堆积，从而达到控制和消除肥胖的目的。

② 使用方法：将此产品涂抹于脂肪过多的部位，如腰、臀、上臂、腿等处，进行按摩，

令血液循环加速，使皮肤温度升高，刺激毛孔打开，促进废液的排出。

5）除臭粉（霜、液）。

① 作用：具有抑制细菌滋生和繁殖的作用，并可有效控制或抑制汗腺及皮脂腺的过量分泌。

② 多用于狐臭者。将腋下清洁干净后，涂抹除臭粉（霜、液）。隔 1～2 小时清洁局部后，重新涂抹。

### 2. 眼部护理产品

（1）眼部护理

眼睛周围的皮肤特别柔细纤薄，并有许多的皱褶，故眼周肌肤水分蒸发速度较快；同时，眼周皮肤的汗腺和皮脂腺分布较少，特别容易干燥缺水。这些因素决定了眼睛是最容易老化并产生问题的地方。一般自 25 岁以后眼周肌肤就开始走“下坡路”，出现黑眼圈、鱼尾纹、眼袋、肉芽、浮肿等问题。所以，预防和护理眼部是十分重要的。

（2）眼部护理品种类及作用

护理产品主要分为眼膜、眼胶、眼霜三大类。

眼部护理品主要是为了达到眼部补水保湿、眼部抗皱、去细纹、去干纹、眼部提拉紧致、去浮肿、去黑眼圈等功效。

1）眼膜。眼膜和面膜性质相同，是一种眼部肌肤的急救妙方。要想快速降低熬夜导致的浮肿和黑眼圈现象，最好使用眼膜。它能快速补充水分，消除疲劳，增强肌肤的弹性。

2）眼胶。眼胶又叫眼部啫喱，质地非常清爽且不油腻。功效同眼霜一样，多用于消除眼袋、黑眼圈，舒缓眼部肌肤。对于细嫩的眼周肌肤几乎没有不适感。

3）眼霜。眼霜和眼胶相比，质地更加浓稠。它能滋润眼周肌肤，改善皱纹、细纹，减轻黑眼圈、眼袋等问题。眼霜的正确使用方法如下。

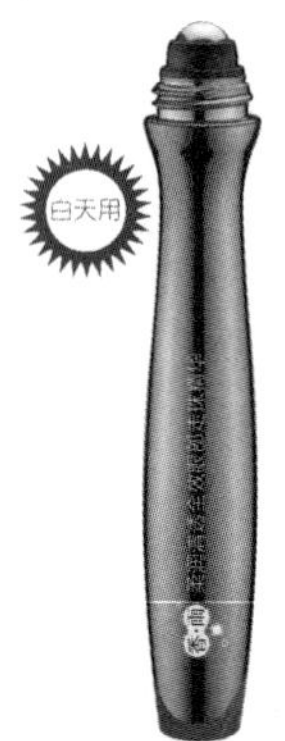

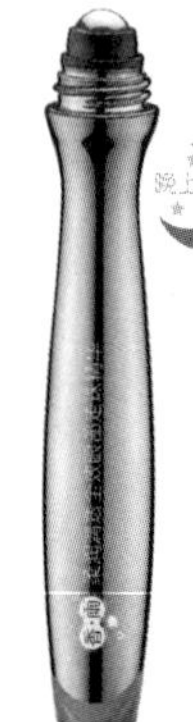


第一步：在早晚洁肤后，用无名指取出绿豆大小的眼霜，两个无名指指腹相互揉搓，给眼霜加温，使之更容易被肌肤吸收。

第二步：以弹钢琴的方式，均匀地轻轻将眼霜拍打在眼周肌肤上。着重在下眼窝和眼尾至太阳穴的延伸部位多加涂抹。

第三步：先从眼部下方，由睛明穴向眼尾轻轻按压。然后从眼部上方，由内向外轻轻按压。用中指指腹从眉头下方开始，轻轻按压。再沿着眼眶，由内向外轻轻按压。用中指指尖轻轻按压鼻翼两旁的迎香穴，促进眼部肌肤的血液循环。

眼胶的正确使用和眼霜大同小异，而眼膜则可以用在每周的护理中，帮助减缓眼部的压力。

（3）眼部护理品的选择

在保养品的选择上，建议夏季白天可使用质地清爽的眼胶，晚上睡前则可以选择营养、滋润、保湿度都比较高的眼霜，或者也可以分季节使用。例如，炎热黏湿的春夏季用眼胶，干燥变化大的秋冬季则使用眼霜。

（4）眼部易出现的问题

眼部肌肤很脆弱，容易出现各种问题，如眼袋、黑眼圈、浮肿及脂肪粒等。如果不及时改善眼部肌肤问题，将会加速眼周肌肤的衰老，使双眼失去往日的青春靓丽。

1）眼周油脂粒选择产品的方法。

医学界认为，眼霜所引起的油脂粒只是暂时性的，不使用应该会消失。因此若是长期长油脂，应该与使用眼霜无关。有些人则是因为身体的内分泌失调，使得眼部周围肌肤油脂分泌过多，又没有正确的方法做及时的清洁，也会造成油脂粒。到目前为止，还没有可以彻底消除油脂粒抹擦的保养品，一般的保养品只能减少油脂粒形成的可能。建议选择那些凝胶状的眼霜、敷水质状的眼膜，能减少油脂粒的形成。

2）眼周的皱纹选择产品的方法。眼周皱纹的种类及选择的产品如下。

① 深层皱纹能用肉眼看出，通常是因为眼周老化或者太干燥所引起的，应选择含维生素 E 或 A 酸衍生物等能抗老的修护型眼霜。白天外出时则别忘了眼周也要预防紫外线。

② 小小细纹若不早点改善，慢慢就会转变成深层皱纹。要对付细纹可以尽量使用有补水保湿、抗氧化功能的眼霜，如葡萄籽多酚、红酒多酚。

③ 表情纹最好使用含有胶原蛋白、酵母提取酵素、豆蛋白质、类内毒杆菌素、辅酶 Q10 等能增加弹性及抗皱和预防老化眼部肌肤的保养品。

3）黑眼圈选择产品的方法。

① 泪沟型黑眼圈通常都是因为皮下组织变薄所致，尤其是熟龄肌肤的女性。女性皮肤松弛是由于年龄增长、胶原纤维减少、紫外线照射而引起弹性硬蛋白变性所产生的，因此需要预防胶原纤维的减少和弹性硬蛋白的变性。能增加胶原纤维弹性的紧实型眼霜，是泪沟型黑眼圈的最佳选择。

② 肤色形成色素型黑眼圈。这一类型的黑眼圈是遗传及肤色原因造成的，针对黑色素深沉的黑眼圈，可以使用含有左旋维生素 C、麹酸、熊果素等卫生部门许可的医学美白成分做导入或者是涂抹含有美白成分的眼霜。

③ 过敏的体质引发血管型的黑眼圈，尤其是过敏鼻炎。因为眼部皮下血流增加，会让眼周血液循环变得比较差，也因为血管中的发炎物质增加造成了皮下血管扩张，才会使眼部四周呈现出青色或紫色的黑眼圈。因此，应选用一些含有维生素 A 酸、左旋维生素 C 等抗老化成分的眼霜。

④ 视觉感官结构型黑眼圈是因为眼部肌肉或骨架等造成了阴影，在视觉上则形成黑眼圈。这类型的黑眼圈一般不是保养品能解决的。

### 3. 颈部护理产品

颈部皮肤护理的目的主要是预防和延缓皮肤衰老，减少皮肤皱纹，使皮肤保湿，增强皮肤弹性，加速血液循环。

（1）颈部护理品种类：颈霜、颈膜、颈部精华

1）颈霜的作用：可紧致颈部肌肤，抚平细纹，令肌肤恢复弹性。

颈霜通常质地比较滋润，含有使颈部皮肤紧致、滋润、抗老化的成分，能加速新陈代谢，塑造颈部线条。颈霜的挑选重点就是滋润性强的产品，如补水精华素或去皱精华素，不要使用过于厚重、油腻的产品，否则使颈部难以吸收，反而会造成毛孔堵塞。

颈霜使用手法：每晚取适量颈霜轻柔地由下巴沿颈部涂抹至胸前即可，也可于早上使用，使用后可涂抹日霜。

选用颈霜时要根据自己的肤质，选用含用抗皱、保湿及防晒等功效的产品，对颈部护理

有效的成分，如兰花油、茴香精油、人参精等，具有抗氧化、保湿及赋活的功能，又不容易产生皮肤过敏现象。

除了颈霜外，也可将脸部保养品用在颈部肌肤上，但因为颈部肌肤特别薄且容易干燥，所以必须慎选产品。一般来说，品质好的日霜或晚霜都可以使用，特别是晚上可选用具有紧肤、拉提、抗皱作用的精华液或晚霜。

2）颈部精华能补充颈部肌肤流失的水分和养分，抚平皱纹，美白肌肤，柔润肌肤，能有效锁住水分，增加皮肤对营养成分的吸收能力，从而淡化颈部细纹。

3）颈膜是可以有效抗皱、滋润颈部肌肤的颈部护理品。就像面膜滋润着面部一样，颈膜也可根据颈部肌肤的特点改善颈部问题。它大致分为美白颈膜和抗衰颈膜。

使用颈膜时最好用温热的毛巾先暖敷 2 分钟，涂抹时稍抬头，用双手的拇指和食指轻轻地向上交替推按。在已经形成颈纹的地方稍做停留，将手轻按在上面几秒。颈膜的使用频率不宜太高，每周做一次颈膜护理即可。

颈部保养复方精油有助于延缓肌肤老化现象，赋予肌肤青春活力，使自己拥有充满弹性的健康肌肤，能有效促进颈部细胞微循环，修复老化肌肤和细纹，使颈部不再泄露年龄的秘密。

（2）选择颈部护理品的方法

美颈产品首先应选择补水与锁水产品。例如，玻尿酸、海藻萃取物、胶原蛋白等保湿成分，可以帮助干燥的颈部肌肤快速改善；如果颈部已出现深层皱纹，则必须挑选含有除皱成分的保养品。例如，维生素 A、五胜肽、六胜肽等能有效帮助胶原蛋白增生，改善颈纹。

（3）颈部产生皱纹的原因

颈部在人体学上是一个“多事三角区”，颈部肌肤比较细薄而脆弱，颈部前面皮肤的皮脂腺和汗腺的数量只有面部的 1/3，皮脂分泌较少，难以保持水分，更容易干燥，所以很易产生皱纹。

1）受紫外线的影响：除了日晒外，电脑辐射也是祸首之一。

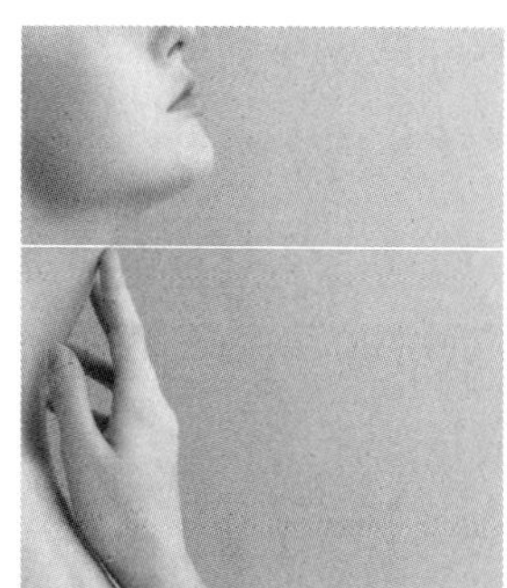

2）重复抬头与低头：抬头与低头等习惯性动作总在人们不经意中被无数次重复，颈部表皮很容易因挤压而出现痕迹，时间一长，皮层较薄的颈部就有了皱纹。

3）颈部缺水：颈部前面的皮肤的皮脂腺和汗腺的数量只有面部的 1/3，与面部皮肤相比，颈部组织结构较为薄弱，油脂分泌较少，难以保持水分，容易干燥，所以很易产生皱纹。

4）外界环境影响：秋冬季节的气候干燥、风沙较大，也容易使颈部干燥而产生皱纹。

### 4. 手部护理产品

双手是女人的第二张脸，美丽的双手得益于精心的护理，选择适合的护手产品固然重要，但正确的护理方法更不可少。

（1）护手霜种类及适合对象

护手霜根据其不同成分可分为保湿型、除角质型及修复型等多种类型，选用时要根据不同的需要进行保养。

1）保湿型护手霜（吸水型保湿剂、保水型保湿剂）。

保湿型护手霜适合对象：上班族——长期待在空调房间，手部既干燥缺水又遭遇电脑近距离辐射，所以高度滋润保湿护手霜成为上班族首选。

2）除角质型护手霜。

除角质型护手霜适合对象：因劳作而粗糙的肤质——手部的角质层很发达，手掌特别容易形成厚厚的老茧或是出现倒刺和死皮，含果酸成分或去角质颗粒较强的护手霜能让手部肌肤变得较细滑。

3）修复型护手霜。

修复型护手霜适合对象：有老化纹路的双手——因老化而布满纹路的双手应选用抗皱修复型护手霜。

（2）手膜

手膜与传统的手霜相比，能一次性给予深入滋养，功效显著，所形成的保护膜令效果更持久。能保湿防皱，补充丰富的矿物养分和微量元素，滋润、美白手部肌肤，保持手部肌肤润滑柔软。改善手部肌肤干燥、龟裂、粗糙、皱纹及手心手背肤色不均匀等状况。

（3）手部护理解决方案

1）最好用专用护手霜。含甘油、矿物质的润手霜，特别适合干燥肤质，每次洗手后及时涂上，可补充水分及养分，特别是干燥的指甲边缘一定要顾及到。

2）闲暇时，不妨做手部按摩。利用休息的时间来回揉搓、按摩双手，增加血液循环，不仅对手部肌肤有利，还能缓解冬日里手部冰凉的症状。

3）每周做一次手部护理。在手背上均匀地涂抹一层去角质霜，去除老化角质，然后涂上手膜，或者将化妆棉浸透滋润精华素均匀地敷在手背上，戴上塑料手套或者裹上保鲜膜后，再用热毛巾包好，15 分钟后除掉并冲洗干净，再涂上护手霜。

5. *胸部护理产品*

（1）美胸化妆品的定义及特点

美胸化妆品是一种能治疗女性乳房发育不良的特殊用途的化妆品。常常是在普通膏霜基质中添加进某些特殊活性成分，使之深入肌肤底层，给胸部结缔组织适度的刺激，帮助弹性纤维恢复原状，提升胸部，使乳房显得结实丰满，并有收紧、支持胸肌悬垂韧带、增加胸部立体感的作用。添加的营养成分能促使乳房中的脂肪细胞增殖，诱导和促进腺体内分泌，以达到健胸美乳的效果。

（2）健胸化妆品的基本成分

对于绝大多数女性来说，拥有丰满迷人的身段是她们不懈的追求。然而，由于遗传和后天发育不良等诸多因素，不少女性对自己的形体不满意。因此，丰胸保健用品在市场上越来越流行。目前，用于丰胸用品的基本成分如下表。

丰胸用品的基本成分

| 名　称 | 中　草　药 | 化　学　药 | 生　化　药 |
|---|---|---|---|
| 营养剂 | 蜂王浆、荷荷巴油、沙棘油、苹果油、丹参 | 维生素、氨基酸、微量元素、蛋白质、合成细胞核酸 | 血清、DNA |
| 健胸剂 | 葫芦巴、啤酒花、茶叶精华、红玫瑰、金缕梅、甘草、当归、女贞子、红花、赤芍、花粉、延胡索、益母草、香蜂草、百合萃取液 | 高浓缩血清、雌激素、维生素E衍生物、果酸、聚合甲壳糖 | 骨胶、胶原蛋白、弹性蛋白、DNA、胶原弹力素、生肌素 |

（3）胸部保养产品

选择的胸部保养产品必须要水分含量高、不含油脂、不含香料、过敏原低，才能在紧实肌肤的过程中，达到复原胸部肌肤弹性的目的，减低肌肤的负担。

提升胸部线条及维持胸型，可选择含有下列成分的胸部保养品。

1）人参精华——给胸部肌肤营养活力。

2）马尾草、非洲葵橘果——使胸部肌肤保持紧实，具有弹性。

3）红海藻、黄苜蓿——能刺激细胞增生，强化胸部细胞。

另外，除了选择胸部保养产品之外，搭配按摩也是非常重要的。借助按摩的方式，可让产品成分能更彻底地进入细胞中，达到改善胸部松弛下垂、美胸的效果，使胸部曲线更完美。

（4）正确选择美胸产品的标准

选择外用美胸产品令胸部塑形娇美是一个好方法。但是市场上产品种类繁多，选择美胸产品一定要谨慎，质量好的美胸产品至少要符合以下三个标准。

1）符合乳房生理构造特点。女性乳房构造复杂，平、小、垂、松的原因各不相同，美胸应该是针对根本，“美其态，先正其形”是最基本的机理，疏通乳腺管、导流脂肪等全效解决方法才是最有效的。

2）拥有国家卫生部批准的特殊用途化妆品许可证书。国家卫生部规定，作为美胸用途的外用产品必须获得“卫妆特”（特殊用途化妆品）批文。由于通过了配方科学论证、临床效果检验、毒副作用测试、卫生标准等一系列权威机构严谨认证，经国家卫生部核发卫妆特批准文号的美胸产品才能给消费者安全有效的品质承诺。

3）是否有禁忌。衡量美胸产品的安全性，检查它是否有禁忌涂抹部位，能否全身涂抹，能否涂抹乳头，这是最简单衡量美胸产品安全性的标准。

6. 精油

（1）精油的定义和分类

1）精油的定义。

精油是萃取于植物的根、树干、叶、花、果种子等处，具有高挥发性的带有香味物质。它是植物的“荷尔蒙”和“精髓”。鲜花会发出迷人的香味，这是因为花瓣中存有微量的香精油。精油原液绝不含任何化学添加剂。

3000千克玫瑰花仅能提取1千克的玫瑰精油，100千克的薰衣草也只能提取3千克的薰衣草精油，这也正是精油价格昂贵的原因。

2）精油的分类。

① 单方精油。是指从单一植物单一部位，通过特殊方法提炼出来的带有香味、高挥发度的油状物。

② 复方纯精油。是两种或两种以上的单方精油根据功效调配的精油，不可以直接使用于皮肤上，只能作用于患部或局部。

③ 复方精油。是两种或两种以上的单方精油和基础油根据功效的特征而调配出来的精油（一般一次不超过三种），可直接用于皮肤上。

④ 基础油。是取自植物的果实、种子，以冷压的方式提炼出来的植物油，内含丰富的维生素、植物蛋白和不饱和脂肪酸等营养物质。因为单方精油和复方纯精油都不可以直接用于皮肤上，必须依靠基础油调配稀释，所以基础油又叫媒介油、调配油。

（2）精油的主要特点

1）无香精——不代表无香味，只使用天然香精油或天然植物萃取精华的原味，代替人工合成香精。因此质纯、温和、芳香怡人，有芳香疗法的效果，不刺激皮肤。

2）不含化学色素——并不表示无颜色，只是以天然植物或生化萃取的原色代替。

3）不含防腐剂——以天然的维生素 A、维生素 E、小麦胚芽油、红萝卜油为抗氧化剂，防止产品腐坏。

4）不含矿物油脂——全部使用植物性透气脂或不油腻的透气脂，代替过度油腻的矿物油、羊毛油，使用后使皮肤变得滋润，吸收很快。

5）无引起过敏的化学成分——完全不含人工香精、羊毛脂、酒精、化学性防晒剂、色素等会引起过敏的成分，而对每一次添加使用的原料皆经过实验证明，对人体不会产生过敏反应。

6）无不良化学成分——使用的每一项原料皆经过安全性试验及毒性试验，绝不含汞、铅等重金属物质，或其他不良有害化学成分。

（3）精油的功效

精油较为人所熟知的功效不外乎舒缓与振奋精神这种较偏向心理上的功效，但是精油的功效不仅于此。不同种类的精油还有各种不同的功效，对于一些疾病也有舒缓和减轻症状的功能。精油对许多的疾病都很有帮助，配合药物的治疗，可以让身体恢复得更快。并且在日常生活中使用精油，可以起到净化空气、消毒、杀菌的功效，同时可以预防一些传染性疾病。

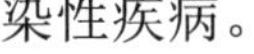

（4）常见单方精油

1）玫瑰精油——最能代表女性阴柔特质。

玫瑰精油具有清洁、净化、滋补及调理经期的特性，可以用于缓解妇科疾病。玫瑰精油几乎对所有的心理问题都有益处，尤其对女性各种心理症状颇有助益，尤其是缓解产后忧郁症、经前紧张症。玫瑰是安全、无毒性的精油之一，所以对即使身体虚弱的人、老人及小孩也很适用。玫瑰精油适用于各种肤质，特别是对干性、敏感性、老化、微血管扩张和红血丝的皮肤最具功效。

玫瑰精油是世界上最昂贵的精油，被称为“精油之后”。它能调节女性内分泌，滋养子宫，缓解痛经。尤其是具有很好的美容护肤作用，能以内养外淡化斑点，促进黑色素分解，改善皮肤干燥症状，使皮肤恢复弹性，让女性拥有白皙、充满弹性的健康肌肤，是最适宜女性保健的芳香精油。

疾病功效：对偏头痛、喉咙痛、咳嗽、便秘、皮肤干燥、压力紧张等有特殊功效。

皮肤、美容功效：抗敏感，保湿，美胸，消除黑眼圈、皱纹、妊娠纹。

健康功效：洁净、调理子宫，镇定经前症候群，调整女性内分泌和月经周期，可改善反胃、呕吐及便秘、头痛。

情绪功效：镇定、减压、安眠、安抚、热情、浪漫、催情，增加自信、缓解愤怒和忧伤，能使女人对自我产生积极正面的感受。

玫瑰精油是玫瑰基本的药用成分。它能刺激和协调人的免疫系统和神经系统，同时有助于改善内分泌腺的分泌，去除器官硬化，修复细胞。玫瑰油有助于增进消化道功能。玫瑰油含有丰富的胡萝卜素、维生素 C、B 族维生素和维生素 K，其中维生素 K 是促进血液凝固的重要元素。玫瑰精油几乎含有门捷列夫元素周期表中列出的所有矿物质。

2）茉莉精油——壮阳的最好选择。

茉莉是精油之王。

皮肤：适用于任何肌肤。

心灵：能提高自信。

身体：对男性生殖系统有非常好的帮助，被称为“花中之王”。可用于女性产后康复，促进乳汁分泌。对于缓解喉咙嘶哑，咳嗽效果极佳。

3）生姜精油——祛风寒感冒良品。

提取部位：根部。

气味：鲜冽辛香的姜味。

挥发度：高。

提取方法：蒸馏法。

适用肤质：除红血丝肌肤以外的任何肌肤。

皮肤疗效：促进血液循环，对面色晦暗、苍白、无光泽肌肤有奇效，激活细胞再生，深层调理水油平衡，令肌肤白里透红，焕发青春光彩。

身体疗效：活血化瘀，通经活脉，抗风湿，驱寒，促进发汗，缓解感冒，舒缓关节疼痛，肌肉痛，改善月经不调及经前期综合症，并可抗晕车、晕船，帮助消化，有利于治疗冻疮。

心灵疗效：调节情绪，激励人心，催情、使自己感觉放松、安全。

适合调配精油：玫瑰、薰衣草、甜橙、迷迭香、洋甘菊、柠檬、丝柏。

注意事项：孕妇禁用。

4）洋甘菊精油——抗过敏之王。

皮肤：适合任何皮肤，是毛细血管收缩剂。对治疗干燥易痒的皮肤的效果极佳。

心灵：具有安抚情绪、放松的作用，适用于普通吵架、沮丧时，严重争吵时可使用薄荷。治疗失眠、偏头痛、忧郁症、头晕、头痛。

身体：镇痛，利胆，抗抽筋，抗痉挛，能有利于愈合伤口，收缩毛细血管。

洋甘菊精油是最安全的用油，是天然的抗敏感剂，在美容上用途非常广。它具有温和的特性，最适合婴儿使用，是婴儿的首选用油。

5）薰衣草精油——修复伤口之王。

皮肤：适合用于油性、晒伤、烧伤，有湿疹、干癣、疤痕皮肤。能防脱发、润发、去头屑，对于秃发有很好的帮助。

心灵：安定、改善失眠。

身体：缓解偏头痛、肌肉痛，是舒压首选。对缓解气喘、喉咙感染、支气管炎、咳嗽有非常好的作用。

注意事项：可以直接作用于皮肤，但使用过量会导致皮肤干燥。

6）天竺葵精油——最好的排毒精油。

皮肤：能平衡油脂分泌，对油性、毛孔阻塞皮肤效果很好，是全面性的洁肤油，让苍白的皮肤变得红润，有活力，可以促进血液循环。加入眼霜中，去除黑眼圈效果更好。能去除眼袋、眼周围扁平疣，有很好的洁净功效。

心灵：解压、使人乐观。

身体：有利尿的特性，改善水肿现象。

天竺葵有小玫瑰之称，又称穷人的玫瑰。可改善经前期；治疗冻疮，让苍白皮肤变得红润。



# 任务 1.4 美容化妆产品

## 学习目标

### 知识

1．了解彩妆定义与彩妆产品分类。
2．掌握常用彩妆用品的功用。
3．掌握粉底、胭脂等产品知识及作用。
4．掌握唇部美容化妆产品的使用。
5．掌握眉目美容化妆产品的使用。

### 能力

1．能够根据顾客的不同气质灵活选用化妆产品。
2．具备良好的分析能力和判断能力。
3．具有灵活的应变能力。

**情感、态度、价值观**

1. 具有健壮的体魄和良好的心理素质，养成健康的审美情趣。
2. 具有坚强的意志和团结合作的精神。
3. 主动参与，乐于探索，勤于动手。

### 1.4.1 美容化妆产品概述

1. 美容化妆产品定义

国际上通常将美容化妆产品称为色彩化妆产品，也称修饰化妆产品或粉饰化妆产品，用于美化面容，增加魅力，改变容貌，因此与基础化妆品用途有很大差异。常用的美容化妆品有唇膏、胭脂、指甲油、睫毛膏、眼影粉、眼线笔、粉饼、香水等。

美容化妆产品使用于化妆，是指人们通过粉底、蜜粉、口红、眼影、胭脂等有色泽的化妆材料和工具，采取合乎规则的步骤和技巧，对人的面部、五官及其他部位进行渲染、描画、整理，增强立体印象，调整形色，掩饰缺陷，表现神采，从而达到美容目的。即用具有保养之类的化妆水、润肤霜、隔离霜和防护霜等护肤化妆品，以及用粉底霜、粉底液、粉底膏、腮红（胭脂）、蜜粉（散粉）、眼影、眼线笔、眼线液、眼线膏、水溶性眼线粉、睫毛膏、唇彩、口红等化妆材料涂抹或描画于面部。化妆能表现出女性独有的天然丽质，焕发风韵，增添魅力。成功的化妆能唤起女性心理和生理上的潜在活力，增强自信心，使人精神焕发，还有助于消除疲劳、延缓衰老。

化妆包括生活妆、宴会妆、透明妆、烟熏妆、舞台妆、新娘妆等。

2. 美容化妆产品分类

美容化妆产品大体分为两种：遮瑕类，用于遮盖皮肤瑕疵，起到调和肤色的作用，如瑕疵膏、液体粉底、粉条、粉饼、碎粉等；色彩类，强调或削弱面部的五官及轮廓，使其修饰得更加生动、柔和、近似完美，如唇膏、眼影、胭脂、眉笔、眼线液（笔）、睫毛膏、唇彩等。

3. 常用美容化妆产品

1）化妆水：具有平衡皮肤酸碱值、补充角质水分、软化角质、收敛毛孔的功效。且能将残留在脸上的清洁品及多余的油脂清除干净，具有再次清洁作用。

2）乳液：具有保养品功能，能滋润皮肤，使粉底易于推匀，按肌肤性质又分为干性、中性、混合性及问题肌肤用。

3）隔离霜：在使用乳液之后粉底之前所使用的，它的作用是隔离彩妆、保护皮肤。若是易出油的人，在选用隔离霜时尽量不要选用含油量过多的隔离霜，因为含油量过多的隔离霜会比较容易造成脱妆。

4）有色粉底：主要针对皮肤颜色调整用，有紫色、绿色、粉红色等，产品分为膏状、乳状、液状、块状。

5）粉底液（露）：液态粉底，油分含量非常少。但它是粉底中最轻薄的，遮盖力较差，一般适合化淡妆时使用，呈现自然透明的感觉。

6）粉底霜：液状透明，透气性佳，是对皮肤负担较轻的粉底，但是相对的遮盖力差。粉底霜又细分为无油性、防水性、一般性，若是比较容易出油的肌肤，应选用无油性或防水性的粉底霜。

7）遮瑕膏：一种特别浓缩的粉底，黏性强，质地浓厚，能专门遮盖住脸部黑斑、伤痕、胎记或微血管浮现处，也可以使凹陷处或颜色较暗的部位变明亮。

8）两用粉饼：具有多项功能，可沾水或不沾水使用，是属于干湿两用的一项产品，它能让妆保持时间比较持久，长时间不脱妆。但是这一类的产品不建议干性皮肤的人使用，因为它比较容易造成干性皮肤的人有干涩紧绷的不舒服感，两用粉饼一般比较适合在简易补妆上使用。

9）腮红饼：腮红可以使脸色红润、健康。腮红的色系从橘色、粉红到桃色，都可配合口红色彩来做出最好的修容效果。有些化妆品公司所售的眼影也可以当作腮红使用，但是一般来讲建议分开使用。因为腮红与眼影上的材质属性是不同的，做出来的效果也会大大不同。

10）眼影膏：油脂成分较多，比较容易附着在皮肤上，易上色、好推匀，以指腹轻推擦匀即可。使用眼影膏之后再叠上眼影粉可以让眼妆保持时间更持久。

11）眼影笔：如铅笔形状，比较适合小面积涂抹。缺点是，使用之后会有干涩紧绷感。

12）眼线笔：如铅笔形状，将笔尖削尖或削扁使用，可以描绘出自然柔和的线条。由于笔芯是固定的，不会因为手部稳定度不够，就不能描绘出柔和的线条，因此这一类的产品比较适合初学者使用。

13）睫毛膏：可以让睫毛加长，让眼睛看起来变大，更加明亮有神。目前较为常见的是乳霜状或液态状的产品，这一类的产品大多是利用刷毛或刷棒来涂抹。现在大部分睫毛膏中都会添加 3%～4%的天然或合成短纤维，可以加长睫毛长度与浓度。

14）眉笔：描绘眉毛时使用。使用前先将笔芯削尖或削扁，画出来的眉毛形状会比较流畅。

15）唇线笔：用来修饰唇部轮廓，让唇形轮廓干净和明显。

16）唇膏：可以选择多种色彩，增加唇部的色彩变化，美化唇部。

### 1.4.2 具体化妆产品

1. 粉底

（1）粉底的定义及作用

粉底是最为常用的调整皮肤色调和增强面部立体感的化妆品，是美容化妆时打底用的，具有较强的遮盖性。它的主要作用是遮盖或修饰皮肤本色，遮蔽或弥补面部皮肤的缺陷，改善皮肤质感，使皮肤显得光滑细腻而有整体感。

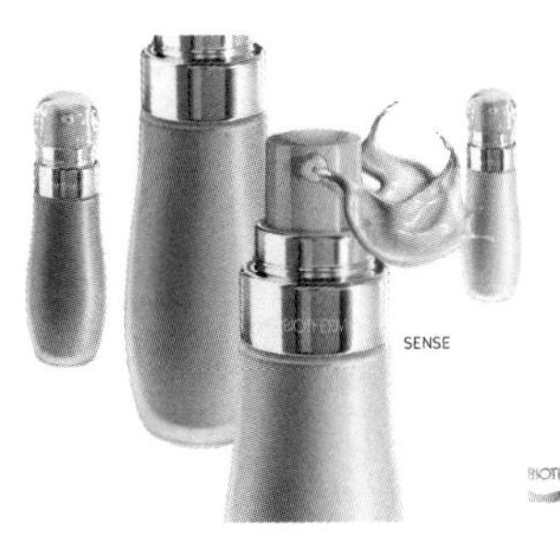


粉底是妆容的基础，粉状质地的粉底是最常见的，涂在脸上显得轻柔自然，是日常妆的最佳选择。粉底一般有粉底液、粉饼装与散粉装三种。进行化妆时，应打一层粉底。因此，在某种程度上，粉底是女人妆容的基础，如何打好这一层基础，那就得对照肤色。任何颜色的粉底在选用的时候都不能脱离本身肤色，而试用也最好是在脸部皮肤上。

（2）粉底的分类及使用

粉底一共有三种：粉底液、粉饼和散粉。

① 粉底液，即液体粉底。液体粉底的好处是比较贴服，容易涂抹均匀而且紧贴皮肤。

对于肤质不好，肤色不均匀的皮肤，一定要使用粉底液，才能掩盖脸上的瑕斑。

② 粉饼：通常所说的粉饼有两种，即两用粉饼和干粉饼。两用粉饼既可以湿用也可以干用。湿用的时候把粉扑蘸水之后挤掉70%的水分，然后蘸取粉末涂擦，这样上粉和粉底液没有太大区别，但注意一定要边上粉边观察，不要涂得过厚。干粉饼不能湿用，透明度介于散粉和两用粉饼之间，在粉底液上使用，能营造比较透明的妆容。

上妆时，粉饼不能单独使用，必须用在粉底液之后，否则容易脱落，造成不好的效果。

③ 散粉：蜜粉和散粉都是用来定妆的，蜜粉和散粉是一个意思，是对散状的粉的不同称呼。一般蜜粉比较轻薄透明，用后妆面显得干净，蜜粉比散粉细，没有遮瑕的功能，但是一般有吸油的功能。而且现在蜜粉的色号多一些，在修正肤色方面比粉饼要好一些。散粉通常是装在一个大盒子里面，用大粉扑涂抹。蜜粉和散粉也有压缩的，直接放在一个盒子里，与粉饼一样，但它不是粉饼，遮盖力很低，透明，携带方便。散粉既可以直接用在粉底液上，也可以在粉底液、粉饼之后使用，扑在脸上之后用大化妆刷刷去浮粉，效果很自然，尤其显得皮肤细腻。缺点是不容易保持，一般3个小时左右就要补粉。好处是不会出现涂抹不匀的现象。也就是说，三者可以同时使用，这时遮盖力最好。

三者搭配使用及效果：

粉底液＋粉饼——较强遮盖力，可以隐去雀斑和不太明显的痘；

粉底液＋散粉——中等遮盖力，可以淡化色斑和皮肤问题；

散粉单独使用——几乎没有遮盖力，但可以给皮肤带来丝绸般触感和视觉。

散粉是遮瑕用的，也可以用作妆的升华。散粉是用在粉饼之上进一步定妆的，使肤色更通透自然，并且在出油出汗出现妆花后，先用吸油纸吸去油脂后，散粉补妆效果极佳。

2. 胭脂

（1）胭脂的定义

胭脂是面脂和口脂的统称，是和妆粉配套的主要化妆品。

胭脂又称腮红，是一种用来修饰面颊的化妆品，涂擦于面颊，特别是腮部，颜色多为含有红色成分的暖色调，能使脸部红润，增加美观与健康感。胭脂可达到调整及改变脸型的效果。胭脂的质地包括液状、膏状及粉状。

（2）胭脂的作用

在化妆中，胭脂是完美俏颜的点睛之笔，是化妆过程中不可或缺的最后一步。使用胭脂能让人看起来气色好，更加动人，心情自然就会随之变好。

胭脂能够让人看起来有年轻几岁的效果，它能够轻而易举地营造出女性含蓄娇羞和健康的妆容，还能起到修饰脸型的功能。

胭脂有两种美妆功效：一是可以使脸部具有立体感；二是可使人看起来健康、时尚。

总之，胭脂可以调节气色，增加脸部肌肤的红润感，制造出粉嫩透明的肤色。胭脂还可以修饰脸型，甚至有“返老还童”的功效。

### 3. 唇部化妆产品

（1）唇部化妆产品种类

1）护唇膏：富含油脂，可以保持唇部光泽，防止唇部干燥、脱皮，宜在抹唇膏之前使用，有保护唇部的作用。

2）唇线笔：用来修饰唇部轮廓，让唇形轮廓干净明显。主含蜂蜡、微晶蜡、蓖麻油等。

3）唇膏（口红）：所有彩妆化妆品中颜色最丰富的一种，用于强调唇部色彩及立体感，具有改善唇色、调整和滋润及营养唇部的作用。

4）唇彩：油亮晶莹的质感可以使脸部增加立体感，增加唇部的丰盈、透明保湿与光泽感。使用唇彩之后，再使用一层唇釉可以增加唇彩的持久度。

5）唇釉：如水一般，是无油成分的产品。大部分唇釉皆为透明的产品，可以增加唇部的光泽度。

6）唇蜜：内含油的成分和细微亮粉，可以让唇部闪闪动人。

（2）唇部化妆产品的选择

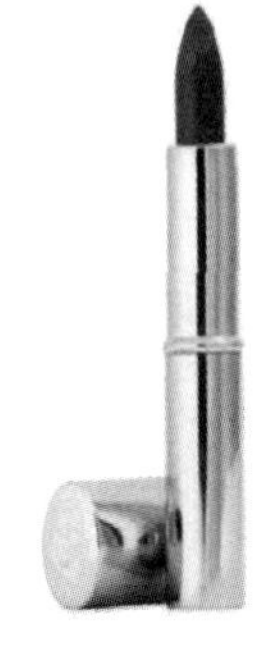

唇部化妆品包括唇膏、唇彩和唇线笔等。其中唇膏是最常用的一种。选购唇膏时，首先，应考虑年龄、肤色，唇膏的颜色一般以红色为主，如深红色、紫红色、粉红色、玫瑰红色、朱红色等，还有内含曙红酸等染料的变色唇膏。一般地讲，活泼好动、喜欢穿艳丽衣服的年轻人，可选用亮而红的唇膏；年龄稍大、性格内向者则可选用接近唇色或变色唇膏。其次，选购唇膏时必须注意其质地，好的唇膏香味纯正，无令人厌恶的怪味，呈膏体棒状，润滑美观，色泽鲜艳均匀，热天不渗油，冷天不开裂；若想强调脸部的下半部美感，可选用颜色鲜明的唇膏。

唇彩的颜色较淡，但可在唇上留下润泽的光彩，通常在涂过唇膏之后使用，用刷子涂抹，只是唇彩容易渗出，所以唇膏容易出界的人宜少用。

唇线笔用来勾勒和修改唇形，最好选质地较软的品种，因为其着色容易。选择唇线笔的颜色时应注意与唇膏属于同一色系，且略深于唇膏颜色，以便使唇线与唇色协调。

随着唇膏色泽的多样化，人们挑选唇膏不再局限于色泽，而更多的从唇膏的质地光泽、持久性等方面考虑。唇膏又有亮光唇膏、亚光唇膏或不褪色唇膏之分，三重修护唇膏超越了色彩，将护唇与色彩概念相结合，首次将护肤品中的酵素、胶原蛋白、透明质酸、SPF12 等多项高效营养、防晒成分运用于唇膏中，深入修护受损唇部，美化、修护、防御三效合一，令唇色鲜活红润、丰满有型。

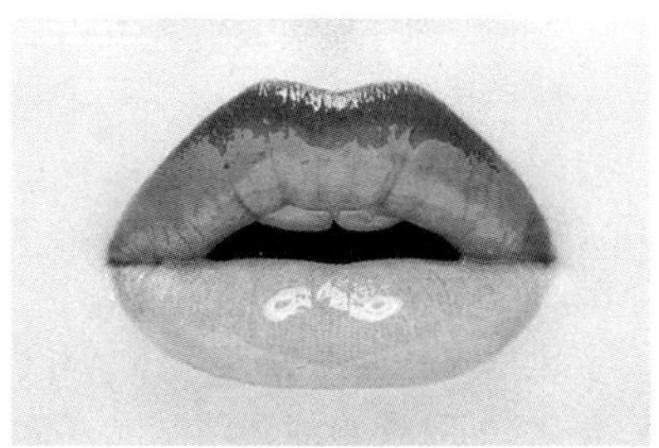

要选择适合自己的唇彩，应先找出个人的皮肤特点，是属于白皙、中等，还是偏深，再选择较肤色稍深的唇膏，才显得自然。如果是极浅肤色，冷色调的唇膏，如

粉红色、紫红色等最合适。如肤色偏黄，桃色就是必然之选。把粉底霜或遮瑕膏搽在唇的四周及脸的下半部，使之遮盖变色部位。唇上扑粉以固定色彩，避免唇膏渗色。使用珠光唇部固色剂可使色彩真实自然、更加持久。

4. 眉目化妆产品

（1）眼妆

眼部妆容是指专门针对眼睛及眼睛周围部分进行上妆，让眼睛更漂亮，同时达到整体妆容更漂亮的效果。眼部是面部表情最为丰富的地方。想让双眸大而清澈，散发诱人魅力，可以将能赋予眼部立体感的眼影，以及能加深眼部形象的眼彩、眼线、睫毛夹和睫毛膏等组合起来使用，让这些化妆品和化妆工具发挥效果。当然，想要塑造出漂亮的眼妆，颜色的选择也十分重要。

（2）眼部美容化妆品

眼部美容化妆品可以使眼睛变得突出明亮，且有活力，使眼睛更加传神。整个妆容的成败全系于眉目之间。

1）眼线。

眼线是进行睫毛线描绘的化妆品，以调整和修饰眼形，增强眼部的神采。沿上下眼睑勾画出细线，可扩大眼睛的轮廓，突出和增加眼睛的魅力。它有液体和固体状两种类型，其中液体状又分为油系（溶剂型）和水系（乳液型和悬浮型），固体状则包括粉末固体状（粉饼型）和铅笔形状（软膏型）两种。

2）睫毛膏。

睫毛膏常见分类如下。

① 质感型睫毛膏：特别适合睫毛稀疏的女性使用，它可以让每一根睫毛都变得粗壮，使眼睛轮廓分明。

② 卷翘型睫毛膏：对于睫毛粗硬或平直的使用者来说比较适用，不需要使用睫毛夹就可以使睫毛持久卷翘，是想塑造出大眼睛效果的女性不可缺少的一款。

③ 加长型睫毛膏：加入纤维或者特殊涂料的睫毛膏可以将每一根睫毛拉长，想让眼睛有立体感的女性可以选这一款。

④ 防水型睫毛膏：一般为稀疏型和螺旋型，在游泳的时候使用。需要注意的是，防水睫毛膏若涂抹时间过长就很难擦拭干净。

⑤ 增密型睫毛膏：能使睫毛看起来变长变密，不过比较容易使睫毛缠在一起。

⑥ 透明睫毛膏：能维持睫毛的卷度和弹性，使人不会有染色困扰，适合化淡妆的人。

⑦ 彩色睫毛膏：一般是初学化妆者的绝佳选择，上妆时容易弄脏眼睑，可以等到干后再以棉花棒清理。

3）睫毛用品。

睫毛用品可弥补睫毛较短、较细的缺点，用后使睫毛显得饱满、修长，呈自然弯曲状，令眼睛更加迷人。

睫毛用品也可分为液体状和固体状，液体状的类型分为油系（溶剂型）和水系（乳化型和乳化树脂型）。固体状制品（软膏型）已经不再使用，常用的是毛刷和小细棒内的自动式容器，内部装有软膏和液状的制品。

好的睫毛化妆品应是刷擦容易，使用后能在眼睫毛上迅速干燥，结成光滑的薄膜，刷后睫毛不会互相黏着，不会在眼睛周围渗开；使用时如有不慎，落入眼睛中，不会伤害眼睛，不应使眼睛产生强烈刺痛，干后不会太硬，卸妆时容易抹掉。

4）眼影。

眼影是加强眼部立体效果、修饰眼形以衬托眼部神采的化妆品。眼影应涂抹在睫毛上的眼盖部分和外眼角，可扩大眼睛轮廓，使眼眶下陷，增加眼睛的立体感，使其更加美丽动人。眼影的色彩多种多样，有蓝色、灰色、棕色等冷色调，亦有橙色、桃红色等亮色，有时还加入一定量的珠光颜料，增加视觉效果。眼影应具有易于涂描、涂后无油光、遇汗不化的特点，不必有过大的覆盖力。它有液状（膏状）和固体状两种形式。液状（膏状）中包括油性类和乳化类两种形式，固体状则包括固状粉饼末、油性圆柱状和铅笔状三种。油质效果较好，粉质有使眼部生动灵活的效果。

眼影可分为影色、亮色、强调色三种。影色是收敛色，涂在希望凹的地方或者显得狭窄的应该有阴影的部位，这种颜色一般包括暗灰色、暗褐色；亮色是突出色，涂在希望显得高、宽阔的地方，亮色一般是发白的，包括米色、灰白色、白色和带珠光的淡粉色；强调色可以是任何颜色，其目的是明确表达自己的意思，吸引人们的注意力。选择强调色时，要考虑自己的服饰和唇色与之相协调。例如，蓝色、褐色和灰色往往给人以漂亮和时髦的感觉；紫色显得温和、幽雅；桃红色能增添妩媚动人的风姿；紫罗兰色给人以成熟的魅力；绿色使人有爽快的感觉；金属色彩一般是在舞台上使用的。

眼影配色及效果：

浅蓝加白——清秀、透明、清澈。

粉红——青春活力、年轻可爱。

咖啡色——冷静、素雅。

紫色加白色——优雅、清新。

紫色加黑色——冷艳、妩媚、女人味十足。

（3）眉用美容化妆品

眉毛是脸部色彩最重的部分，眉毛过细、过淡或稀疏都会影响一个人的容颜，不同的眉形表现出的气质也各不相同。

1）眉笔：用于修饰眉毛的化妆品，可画出各人喜欢的眉型，使眉毛更加漂亮，以烘托整个面孔。

它以黑色、暗灰色、暗褐色为主，有粉饼型和棒型，棒型包括蜡笔型、铅笔型和活动笔型，常用的是铅笔型或活动笔型的眉笔。眉笔应具有软硬适度、涂画容易、色彩自然的特点。

2）眉粉：如粉饼状，可使用眉刷蘸取轻刷于眉毛上，可以补足眉笔颜色不均匀的缺点。

# 任务1.5　美甲产品

学习目标

**知识**

1. 掌握常用美甲产品的功用。
2. 了解美甲色系。

**能力**

1. 能够根据手型为顾客选择适合的指甲颜色。
2. 能对护甲产品进行分类。
3. 能根据不同的手型选择美甲护理品。

**情感、态度、价值观**

1. 培养健康的审美情趣，努力追求真善美的人生境界。
2. 具有适应终身学习的基础知识、基本技能和方法。

## 1.5.1　美甲产品概述

### 1. 美甲必备用品

1）底油：透明或呈乳白色，涂指甲油前使用，可增强指甲油的附着力。

2）软化霜：通常含有甘油基，能够去除老化的角质层，保持皮肤润泽，用于按摩和干裂手的护理。

3）漂白剂：含有过氧化氢或柠檬酸，用于去除水晶指甲上的污渍。

4）指甲油稀释液：用于稀释较黏稠的指甲油，切勿用洗甲水代替。

5）指甲精华素：能使天然指甲更坚固，可在足护理中代替底油。

6）甲油：用于软化指甲周围的皮肤，有助于去除破裂的天然指甲和打磨水晶指甲。

7）指甲皮软化剂：用于软化指甲皮。

8）亮油：用于保护指甲油，使其保持光泽。亮油越黏稠，干燥时间越长，光泽度越高。

此外，由于专业美甲需要严格完善的无菌操作，因此诸如一次性纸巾、棉球、刮刀、75%酒精、止血巾、抗菌剂、碳酸氢钠、杀菌剂、防锈剂等都是必不可少的。

### 2. 美甲用品分类

美甲产品按生产工艺和其外部形态，可分为膏状、蜜类、粉类、液体类。按美甲专业用途不同，可分为清洁消毒类、护甲护肤类、修饰类、造型类、治疗类。

美甲用品分类

| 类　型 | 产品名称 |
| --- | --- |
| 清洁消毒类 | 75%酒精、消毒液、医用清洁霜、皂液、护理精液、丙酮、洗笔水、洗甲水、特效卸甲水、磨砂膏、去死皮膏、专用卸甲剂 |
| 护甲护肤类 | 按摩膏、营养油、润肤露（乳液）、增长护甲油、加钙底油、水分护理油、蛋白硬甲亮油、指皮软化精华油 |
| 修饰类 | 软化剂、有色指甲油、指甲油稀释剂、指甲精华素、亮油、彩钻、吊饰、甲片、贴饰、彩色甲片、防紫外线亮油、UV 特快亮油 |
| 造型类 | 水晶甲液、水晶甲粉、消毒干燥黏合剂、甲片胶、丝绸、纤维、松香胶、反应液、结合剂、透明光疗胶、封层胶、彩色甲液、彩色甲粉、镭射甲粉、彩色光疗胶、闪光凝胶 |
| 治疗类 | 灰甲维生素护甲油、菌甲治疗液、灰甲净、创可贴、碳酸氢钠 |

3．美甲常用产品知识

1）营养油。

① 分类：营养油也叫美甲按摩油或甲缘油，可按成分分为含杏仁成分、含维生素 A 及含维生素 E 等营养物质的营养油。

② 使用方法：取少量营养油涂在修剪过的双手指皮周围，用手指稍加按摩。它能滋润指皮，防止指甲周围长肉刺，使皮肤柔软，并使指甲健康、有亮泽。

③ 注意事项：应每天使用营养油，用量不宜太多，否则会显得太油腻。

2）底油。

① 分类：底油有加钙底油和蛋白质底油、保湿底油等。

② 使用方法：在指甲抛光后上底油。根据顾客的指甲质地来选择底油，如顾客指甲较软即可用加钙油，如需上甲油，则在涂甲油之前涂底油可防止指甲变黄，起到营养作用。

③ 注意事项：专业美甲中，涂甲油之前必须涂底油。

3）甲油。

① 分类：甲油分为普通型甲油和快干型甲油。

② 使用方法。

深色甲油的涂法：深色甲油一次涂的量不宜太多，否则会显得厚重、不均匀。应涂 2～3 遍，每一遍涂薄一些，效果会较好。

浅色甲油的涂法：粉色等浅色甲油系列使用不当很容易露出涂抹不均匀的痕迹，因此在涂第一层时需特别注意甲油的蘸取量和刷甲油的倾斜度，并在第一层未干时尽快涂第二层，这一点非常重要。

珠光甲油的涂法：珠光甲油容易变干，应在刷上蘸取稍多一些的甲油，尽快涂好，否则会显得不均匀。因此刷子应直立使用，为避免留下痕迹，先涂两边，后涂中间。

③ 注意事项：涂甲油时不可涂到指皮、甲沟上，一是显得脏乱，二是会影响指甲的呼吸。

4）亮油。

① 分类：亮油分为普通亮油和 UV 亮油。

② 使用方法：亮油涂在干后的指甲油上面，能保护甲油亮泽和延长脱落时间。如做水晶甲后，要使用防黄、防 UV 的亮油。

③ 注意事项：亮油不可涂得太厚。

5）指皮软化剂。指皮软化剂是一种乳白色的液体，可加速软化程度。

① 使用方法：把浸泡过的手用毛巾擦干，将软化剂均匀地涂在指甲表面上。

② 注意事项：不要将软化剂涂在甲盖上，防止甲盖被软化。

6）打磨用品。

① 抛光海绵：与干粉指甲油或膏状指甲油配合使用，用于指甲的打磨抛光。抛光时要始终沿一个方向进行，切忌来回打磨，海绵在使用后必须更换。

② 打磨砂块：类似长方体海绵，表面贴有砂纸，与油配合使用打磨水晶指甲（仅用于水晶指甲的打磨）。

③ 100 号打磨砂条：颗粒较粗，用于水晶指甲中大面积的打磨，也用于修整水晶指甲的形状。

④ 180 号打磨砂条：颗粒较细，用于指甲皮周围和水晶指甲顶端的打磨，使其更加光滑平整。

⑤ 脚砂板：去除脚上的老茧。

⑥ 砂棒：用于去除天然指甲上的凸起和皮肤上的污点。

⑦ 指甲砂锉：仅用于天然指甲，一端颗粒较粗，另一端颗粒较细。

### 1.5.2 美甲色系及选择方法

#### 1. 美甲色系

（1）红色系

1）酒红色：万能色指甲油，任何人涂上它都会非常美丽。它色泽深，能遮掩指甲的乱痕，让肤色显得更白皙。即使不搭配首饰，也极能展现女性魅力。

**提示**：指甲的形状宜为卵形或方形；酒红色展现的是成熟高雅的美感，建议一定要喷香水。

2）粉红色：它散发着浪漫的气息，给人可爱的感觉，使用时应戴上式样可爱的首饰。要想展示浪漫风情，应搭配粉嫩、透明的配件。

**提示**：因粉色属于浅淡色彩，使用后会让指甲显得粗糙、凹凸不平，所以要先将指甲表面磨平，以展现光泽感；粉红色指甲油的搭配性最强，任何纤细秀气的设计都适合。

（2）绿色系

1）墨绿色：非常适合指甲短小的女孩，给人很酷的感觉。如果想展现个性美，就要使用这个颜色。它与民俗风格装扮很搭配，最适合搭配皮革或手工格调首饰。

**提示**：为了不让肤色显得过于暗沉，涂用这种色彩的指甲油时，最好搭配亮色上衣；太长的指甲不适合涂墨绿色，会给人以病态、肮脏的感觉，因而一定要将指甲剪短，稍长于手指 0.2 厘米即可。

2）亮绿色：带有珍珠光泽的亮绿色充满未来感，会使指尖更亮丽，适合搭配米色、咖啡色、灰色服饰与首饰。

**提示**：想要强调亮绿色指甲的美丽，最好搭配典雅的上衣；指甲或指关节色泽暗淡的人最适合涂亮绿色指甲油。但千万别忘记擦护甲油，以免指甲变黄。

（3）银色系

这是具有未来感的色彩，比银色眼彩更能表现现代都市美感。涂上银色指甲油，再搭配必要的银饰，色彩会更加统一，若能配上珍珠色泽的彩妆则更有平衡美。

**提示：**因为银色指甲油添加了珍珠粒子，所以很容易涂晕开。要想涂得漂亮，涂抹的顺序就非常重要。不妨涂两次，第一次可先涂右边，再涂中间，然后是左边；第二次要先涂左边，接着涂中间和右边。

（4）冰蓝色系

冰蓝色指甲若搭配同色系首饰，效果会更加出色。

**提示：**要做好手指的美白工作，恢复双手的透明质感，强调双手肤色白皙；没时间做双手护理的人，涂上冰蓝色指甲油后，可再涂上银色亮彩指甲油，也能使双手白皙。

2. 选择适合及个性的指甲油颜色的方法

涂抹指甲油后会在指甲面上形成薄膜，牢固而且带有光泽，既给人以美感，又能保护指甲。指甲油的颜色非常丰富，如紫色、深红色、粉红色、玫瑰红色、银灰色、珠光白色等。那么，怎样选配指甲油的颜色呢？

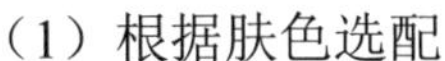

（1）根据肤色选配

在选配指甲油时要根据不同的肤色选择，肤色无血色的皮肤，适合于选用朱红色、玫瑰红色等艳色，以此来弥补皮肤颜色的不足；皮肤白皙的人可选用粉红色等颜色。

（2）根据季节选配

指甲油的颜色也可根据季节的变化而变化。冬季人们较喜欢穿深色服装，所以指甲油的颜色要选择鲜亮色；相反，夏季人们喜欢穿淡颜色服装，那么，指甲油宜选用透明或淡色。

（3）根据场合选配

不同的场合，指甲油的颜色也将不同。晚宴需涂深红色或褐色、黑色指甲油，增加神秘感；婚宴是喜庆的宴会，宜选择红色或玫瑰红色指甲油，与婚宴气氛融洽。

（4）其他情况

1）指甲油除了单色涂抹外，还可以自由配色，全凭个人爱好，可随心所欲地调出靓丽色彩。

2）胖而柔美的小手，可选用粉色等淡雅的指甲油，使手部更加漂亮。

3）方形甲型适合涂抹深色的指甲油，会使手部显得纤细。

4）脚指甲涂成深红色，会使双脚显得白皙细嫩等。

# 项目回顾

产品知识是专业美容、美发师必须掌握的重要知识，通过学习美发产品、美容护肤产品、美容化妆产品、美甲产品等基础知识，掌握相关产品的性能与使用，能够对产品进行合理的选择与应用。关于美容美发产品知识的学习能让学生明白：产品知识就是销售力。技术含量越高，产品知识所起的重要性越大。美容师、美发师要成为产品专家，因为顾客喜欢从专家那里买东西。

美容、美发师在了解产品的基础上应做到以下三点。

1）找出产品的卖点及独特之处。卖点是顾客购买产品的理由，独特的卖点就是顾客为什么要购买自己的产品，而不购买竞争品牌的产品。如果销售人员不能说出三个以上的让顾客购买产品的理由，就无法打动顾客。

2）找出产品的优点和缺点。销售人员不仅要找出产品的优点，还要找出其缺点，以便考虑如何将缺点转化成优点，或是在顾客指出产品的这一缺点时如何给出一个合理的解释。

3）对有关产品方面的专业数据对答如流。销售人员一定要让顾客感觉到站在他面前的人不仅是一名销售人员，更是一位熟悉此类产品的专家。这样一来销售人员所做的一切都会变得有意义了。如果销售的产品是高档耐用品，那么掌握各种专业数据也是必不可少的。同时，对于产品的一些抽象、细微的特点的了解，也是至关重要的。一些细节上的模糊可能会导致顾客认识上的错误，进而使其对产品产生误解。

# 思考与练习

## 一、判断题

1．产品的消费只是心理消费的过程。（　　）

2．眼睛周围的皮肤柔软细腻，弹性较差，容易干燥缺水。（　　）

3．无形产品与有形产品之间的关系应该是一种共存、彼此合一的关系。（　　）

4．美容美发产品具有高度的安全性、相对的稳定性、良好的实用性、一定的功效性。（　　）

5．皮肤是人体健康的卫士，具有屏障、调节、自稳、代谢四大功能。（　　）

6．一般烫发药水都是两剂一个组合，第一剂为软化剂，第二剂为定性剂。（　　）

7．水溶性污垢的来源为亲水性化妆品、可溶性皮肤分泌物和污垢，此类污垢则要用亲油性的清洁剂来清除。（　　）

8．敏感皮肤不宜去角质，但可频繁更换化妆品。（　　）

9．眼部每天张合次数最多，所以眼睛是最不容易衰老的部位。（　　）

10．PA＋的有效防护时间大约为 8 小时。（　　）

## 二、单项选择题

1．下列属于护肤类护肤用品的是（　　）。

A．洗面奶　　B．磨砂膏　　C．化妆水　　D．防晒霜

2. 洗面奶中的（　　）是基质原料。

A. 表面活性剂　　B. 油脂　　C. 蜡　　D. 天然动物油

3. 眼袋形成的原因有年龄的老化、遗传因素、（　　）等。

A. 心情不好　　B. 饮食不合理　　C. 肾脏有病　　D. 经常化妆

4. 随着年龄的增长，一般人体的皮肤是从（　　）岁以后逐渐衰老的。

A. 18～22　　B. 22～25　　C. 25～30　　D. 28～32

5. 皮肤含水量越多，吸收能力越（　　）。

A. 弱　　B. 强　　C. 一般　　D. 差

6. 唇线笔的颜色应比唇膏色（　　）。

A. 略深一度　　B. 略浅一度　　C. 相同　　D. 鲜艳

7. 美容师、美发师的基本素质要求和职业道德规范是美容美发（　　）的保证。

A. 服务基础　　B. 服务质量　　C. 服务水平　　D. 服务方法

## 三、匹配题

1. 将以下化妆品与其对应的用品相匹配。

① 护肤类化妆品　　A. 粉底液

② 化妆类化妆品　　B. 美白霜

③ 特殊用途化妆品　　C. 面膜

2. 将以下皮肤类型和与其对应的化妆品相匹配。

① 干性皮肤　　A. 水质的粉底

② 油性皮肤　　B. 酸性化妆品

③ 衰老皮肤　　C. 营养洗面奶

3. 将下列眼部常见的症状和与其成因相匹配。

① 眼皱纹　　A. 睡眠不足

② 黑眼圈　　B. 自然老化

③ 眼袋　　C. 表情丰富

4. 将下列产品概念与其代表相匹配。

① 有形产品　　A. 安装

② 附加产品　　B. 包装

③ 心理产品　　C. 品牌

5. 将下列定型产品与适合类型的头发相匹配。

① 发胶　　A. 中长发适用

② 啫喱水　　B. 中短发专用

③ 发蜡、发泥　　C. 超短发、多层次发适用

## 四、简答题

1. 美容美发产品按使用目的分为哪几类？举例说明。
2. 简述美发用品的分类与作用。
3. 眼周的皱纹护理应如何选择产品？
4. 唇部化妆品包括哪些产品？

5．美甲常用产品有哪些？

## 五、案例分析题

27 岁的张小姐是某外企公司职员。其皮肤特征如下：细嫩，但肤色暗淡无光、脸色苍白、皮质分泌少、毛孔不明显，面部无色斑和红血丝等问题。张小姐准备在“六一”结婚，想通过婚前 2 个月护理达到理想的肌肤状态，显现动人的光彩。

问题：根据张小姐的实际情况，给予其皮肤分析和建议，并为张小姐选择一套美容居家使用的护肤品，并给出专业护理建议。

# 项目 2　市场营销基础知识

## 情境导入

走俏的郑明明化妆品

据国家信息中心资源开发部和上海市商品信息中心调查，2008 年，上海郑明明化妆品有限公司生产的郑明明牌美容护肤用品销售额在上海市亿元专业商场重点商品市场调查中名列前茅，其走俏的秘密是什么？究其原因是郑明明化妆品有限公司进行了市场调研，分析了市场需求。

2000 年国庆前夕，该公司推出了“人老腿先衰，脸老眼先衰”的广告，引起人们强烈的反响。郑明明根据“人老腿先衰，脸老眼先衰”的自然规律，提出了“人防老，先防腿；脸防老，先防眼”的一种全新护理新理念，在广大中老年消费者中引起了强烈的共鸣。郑明明眼部系列（生化雪清眼皱精华素、眼膜、眼胶）顿时成了热销的商品，4 个月创下了销售千万元的成绩。

在往昔，使用眼霜的人特别少，如今人们的生活水平提高了，买眼霜的人逐渐多了起来。该公司敏感地捕捉到这条信息后，果断地调整了产品结构，同时配合已有的促销：凡购买郑明明生化雪清眼部系列中的任何两种，均赠送口红（市价 78 元）1 支，一下子把眼霜的消费推向了高潮。

【情境思考】

1．作为市场营销人员应如何获得第一手市场信息？

2．如何进行产品市场营销环境分析？

3．企业应如何灵活运用广告策略？

4．如何进行产品定位？

5．新产品上市应该采用哪些营销策略？

【情境分析】

美容美发企业是以消费性商品和服务为主的企业，因而如何使用恰当的营销方法刺激消费者，在某一程度上决定了企业的销售额和营业额。郑明明化妆品的走俏就是有效地进行了市场调研，目标明确——广大中老年消费者，针对性强——“脸防老，先防眼”，充分体现出以顾客为中心的理念。赠送的营销策略也起到了锦上添花的作用。

# 任务 2.1 市场营销

学习目标

**知识**

1. 了解市场营销观念演变过程。
2. 掌握市场营销的含义。
3. 阐述市场营销的功能。
4. 掌握美容院、美发店产品营销的重要作用。

**能力**

1. 培养学生用营销思维分析问题、解决问题的能力。
2. 养成实事求是的态度及进行质疑和独立思考的习惯。
3. 具有良好的沟通与灵活的应变能力。
4. 拥有美容美发师应具备的营销素养和基本技能。

**情感、态度、价值观**

1. 确定和增强成就意识，且有正确的成就动机。
2. 持有积极的态度，体验对美容美发职业喜爱、愉快、崇敬的情感。

## 2.1.1 市场营销观念演变

市场营销观念是企业组织市场营销活动的指导思想。它是在商品生产和销售领域里产生，随着商品经济和市场竞争的发展而逐步形成，并拓展到服务领域的。在西方经济发达国家，它是由生产观念、推销观念演变而来的。

### 1. 生产观念

20 世纪 30 年代以前，资本主义的经济和技术落后，社会产品供应不足，企业一般生产的品种比较单一，消费者没有太大的选择余地。这时，企业的指导思想就是生产观念，它从企业得到迅速发展出发，“我能生产什么就卖什么，消费者就买什么”，消费者没有选择的余地。企业的目标主要是增加产量、降低成本，在消费上不需花费太多功夫。美国福特汽车公司就是当时这种生产观念的典型代表，该公司创办人福特曾说：“不管顾客需要什么颜色的汽车，我只有黑色。”由于当时汽车供应量不足，清一色的黑色汽车照样能卖出去。

生产观念认为，顾客喜欢那些随处可以购买到的价格低廉的产品或服务，在这种观念导向下，企业营销者致力于改善产品或服务的分销渠道，以提高生产效率和更广泛的分销范围。

在产品供不应求的卖方市场时代，这种大量生产、降低价格的思想尚有生命力。但如今大多数商品已经供过于求，厂商竞争激烈，这种经营导向无疑已严重过时。

2. 产品观念

产品观念认为，顾客最喜欢那些质量上乘、具有多功能和某些特色的创新产品或服务。在这种观念导向下，管理层总是致力于生产优质产品，并不断改进产品或服务，使之日臻完善，以满足顾客的“时尚”追求。

产品观念是以产品为中心的企业经营指导思想。产品观念认为，产品是最重要的因素，消费者总是喜欢质量最优、性能最好的产品。因此，产品导向企业致力于开发、改良企业的产品或服务。

产品观念导致“营销近视症”，即过分重视产品质量，看不到市场需求及变动，只知责怪顾客不识货，而不反省自己是否根据需求提供了顾客真正想要的产品。

例如，一家办公用公文柜的生产商过分注重自己的产品质量与追求精美。其生产经理认为，他们生产的公文柜是全世界质量最好的，从四楼扔下也不会被摔坏。但当他们的产品拿到展销会上推销时，却遇到了很大的销售阻力，这使得生产经理难以理解，他们觉得产品质量好的公文柜理应获得顾客的青睐。销售经理告诉他，顾客需要的是适合他们工作环境和条件的产品，没有哪一位顾客打算把他的公文柜从四楼扔下。

3. 推销观念

20 世纪 30 年代以后，资本主义国家爆发了严重的经济危机，产品堆积如山，工厂停工减产，大量工人失业，商店纷纷倒闭，幸存下来的企业面临着十分严重的销售问题。在这种情况下，许多企业开始利用推销观念指导经营，不再坐等顾客上门，而是运用广告和推销技巧来推销产品。

推销观念（或称销售观念）认为，如果对消费者置之不理，他们便不会大量购买本企业产品，因此企业必须主动推销和积极推销产品。

推销观念是许多厂商向市场进军的另一种普遍的观念，是以销售为中心的企业经营指导思想。推销观念认为，消费者通常有购买迟钝或抗拒购买的表现，如果顺其自然发展下去，消费者便不会购买本企业太多的产品。因此，企业必须大力开展推销和促销活动，刺激消费者购买更多的产品。

推销观念产生于现代工业高度发展的时期，此时，生产能力已增长到使大多数市场成为买方市场。目前，我国推销观念盛行，潜在的顾客受到电视广告、报刊广告、DM（direct mail，快讯商品广告）、推销访问等的影响，到处都有人试图推销某种东西，这反而招致顾客的反感和抵触，使推销活动往往事倍功半，推销也就进入了“怪圈”。

4. 市场营销观念

市场营销观念认为，达到企业目标的关键在于正确确定目标市场的需要和欲望，比竞争对手更有效、更有利地传送目标所期望满足的东西。它的四项要素是目标市场，以市场为出发点；顾客需求，以顾客为中心、整合市场营销；营利能力。

市场营销观念认为，要想达到企业目标，关键在于断定目标市场的需要和欲望，从而采取比竞争者更有效地满足目标市场期望的营销策略。在这种观念导向下，企业将以顾客为中心、实现顾客价值作为实现企业利润目标的途径。

市场营销观念与前三种观念的区别在于，前三种观念以卖方需要为中心，而市场营销观念则以买方需要为中心；推销出于卖方要把产品转换成现金的需要，而营销则是通过帮助消费者满足其需要而获得应有的报酬。

第二次世界大战以前，福特汽车公司依靠亨利·福特的黑色T形汽车取得了成功，但亨利·福特过分相信自己的经营哲学，而不管市场环境的变化及需求的变动。而通用汽车公司的创始人斯隆觉察到战争给全世界人民所带来的灾难，特别是从战场回来的青年人厌倦了战争的恐惧与血腥，渴望享乐，珍惜生命，因此他们不再只满足于单调的黑色T形汽车，而是希望得到款式多样、色彩鲜艳、驾驶灵活、体现个性、流线形的汽车。通用汽车公司抓住这一个需求变革时机，推出了适应市场需求的汽车，很快占领了市场。

5. 社会营销观念

市场营销组织的任务是确定目标市场的需求、欲望和利益，并以保护或提高消费者和社会福利的方式，比竞争者更有效、更有利地向目标市场提供顾客所期待的产品。

社会营销观念认为，企业应该既能保持和增进与目标顾客的关系，又能保持和增进社会整体福利，从而向顾客传递价值。在这种观念导向下，企业在向目标提供优质产品或服务的同时，还需要考虑相关利益群体（健康组织、环保组织）的态度和立场。

社会营销观念是对市场营销观念的发展与延伸，强调企业向市场提供的产品与劳务，不仅要满足消费者的个别的、眼前的需要，而且要更加合理地兼顾消费者总体和整个社会的长远利益。企业要正确处理消费者欲望、企业利润和社会整体利益之间的矛盾，统筹兼顾，求得三者之间的平衡与协调。

### 2.1.2 市场营销的内涵及功能

1. 市场营销的内涵

（1）市场的定义

市场起源于古时人类对于固定时段或地点进行交易的场所的称呼。狭义上的市场是买卖双方进行商品交换的场所。广义上的市场是指为了买卖某些商品而与其他厂商和个人相联系的一群厂商和个人。市场的规模即市场的大小，是指购买者的人数。

根据杰罗姆·麦卡锡《基础营销学》的定义：市场是指一群具有相同需求的潜在顾客，他们愿意以某种有价值的东西来换取卖主所提供的商品或服务，这样的商品或服务是满足需求的方式。

市场的构成要素可以用一个等式来描述：

市场＝人口＋购买力＋购买欲望

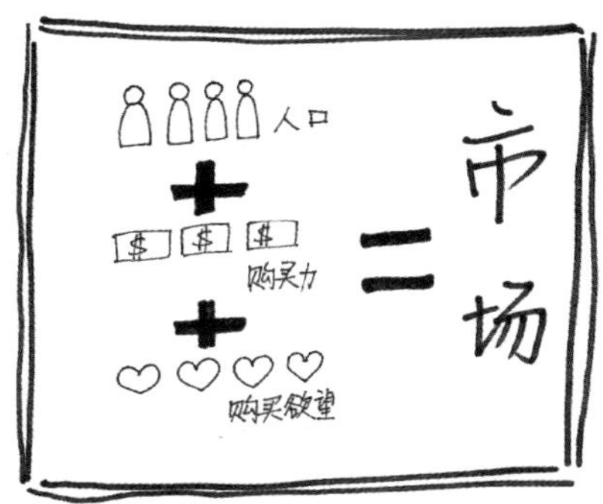


1）人口。

人口是构成市场的最基本要素，消费者人口的多少决定着市场的规模和容量的大小，而人口的构成及其变化则影响着市场需求的构成和变化。因此，人口是市场的三个要素中最基本的要素。

2）购买力。

购买力是指消费者支付货币以购买商品或服务的能力，是构成现实市场的物质基础。一定时期内，消费者的可支配收入水平决定了购买力水平的高低。购买力是市场的三个要素中物质的要素。

3）购买欲望。

购买欲望是指消费者购买商品或服务的动机、愿望和要求，是由消费者心理需求和生理需求引发的。产生购买欲望是消费者将潜在购买力转化为现实购买力的必要条件。

市场的这三个要素是相互制约、缺一不可的，它们共同构成了企业的微观市场，而市场营销学研究的正是这种微观市场的消费需求。

（2）营销的定义

营销是指根据市场需要组织生产产品，并通过销售手段把产品提供给需要的客户。在具有不同的政治、经济、文化的国家，营销不应该一成不变。即使在同一个国家，在消费品行业、B2B（business to business，企业对企业）行业和服务业，其营销方式也是不同的。而在同样的行业里，不同的企业也有着各自不同的营销方式。

营销学是关于企业如何发现、创造和交付价值以满足一定目标市场的需求，同时获取利润的学科。营销学用来辨识未被满足的需要，定义、量度目标市场的规模和利润潜力，找到最适合企业进入的市场细分和适合该细分的市场供给品。

营销的主要过程有辨识机会（opportunity identification）；开发新产品（new product development）；吸引客户（customer attraction）；保留客户，培养忠诚（customer retention and loyalty building）；执行订单（order fulfillment）。

这些流程若都能够处理得好，营销通常是成功的。如果哪个环节出了问题，企业就会面临生存危机。

（3）市场营销的定义

市场营销是对 marketing 的翻译，marketing 既指企业的一种经营活动，也可作为学科的名称，指市场营销学，属于管理学的一个分支。

市场营销是与市场有关的人类活动，它以满足人类的各种需要和欲望为目的，是通过市场变潜在交换为现实交换的活动。

在现代市场经济环境下，从企业的角度讲，市场营销是企业最核心的一项经营管理活动或经营管理职能，甚至可以说是企业众多的经营管理职能中最显著、最独特、最核心的职能。这是因为现代市场营销贯彻了“营销围着顾客转，企业围着营销转”的经营指导思想，企业财务管理、人力资源管理、生产管理、技术管理、供应管理等都是为了给营销活动提供后勤保障和服务的。这些管理也可以说都是花费、投入，而只有在营销环节才有可能实现收入，从而创利。

市场营销可以是个人与个人、组织与组织或组织与个人之间进行的一种交换活动。交换双方中，如果一方比另一方更主动、更积极地寻求交换，就称前者为营销者，称后者为顾客或用户。因此，市场营销者可以是买卖双方中的任何一方，但由于买方市场在市场经济体制下较为普遍且长期存在，所以市场营销学所研究的市场一般就是从卖方的角度来说的。

市场营销活动包括四个阶段：生产之前的市场调查与分析活动，主要了解市场需求；生产之中对产品设计、开发及制造的指导，主要指导企业生产；生产之后的销售推广活动，主要开拓市场营销；产品售出之后的售后服务、信息反馈、顾客需要满足等活动，主要满足市场需求。由此可见，市场营销涵盖生产产品的设计开发、生产之中产品生产的策划、生产之后售出之前的市场推广、售出之后的产品消费全过程。

### 2. 美容美发市场营销的功能

按照市场营销观念的要求，美容美发企业市场营销活动具有以下四项功能。

（1）了解顾客需求

满足顾客需求是企业营销活动的基本指导思想，它要求企业必须花大力气搞好市场调研，将顾客需求作为起点，尊重消费者，方便消费者，掌握各类需求的特点、现状及其发展趋势。在了解顾客需求的同时，还要了解竞争对手的情况。

1）尊重消费者。

在市场营销观念指导下制定营销策略，首先就应该体现出尊重消费者需求的权利。消费者需求的权利主要表现为，选择美容美发品种的权利；对美容美发有特殊需求的权利；要求美容美发安全可靠的权利；掌握美容美发知识的权利等。消费者的这些权利会因为消费者的收入水平、民族、风俗、性别、年龄的不同而出现差异。例如，收入水平高的消费者有高档美容美发消费的需求；不同民族的消费者有不同的美容美发形式消费的需求。制定美容美发服务营售策略要根据他们不同的需求权利，满足他们的不同需要。在美容美发营销中，高档服务品种和一般服务品种并存是对不同收入水平消费者需求权利的尊重；传统美容美发品种与创新美容美发品种的并存是对不同兴趣、爱好的消费者需求权利的尊重。只有对消费者需求的权利给予尊重，才有利于满足各种消费者的需求，扩大美容美发销售。

2）方便消费者。

现代市场营销策略只有体现了方便消费者这一理念，才能通过有利的营销策略扩大经营收入。要满足消费者的需求就必须在服务网点设置、美容美发产品质量、营业时间和价格起点上加以考虑。

为了使消费者感到接受服务方便，服务网点设置必须合理，应设置在交通方便、位置醒目的地点，有利于消费者寻找及乘车、停车。美容美发品种应当齐全，根据消费者的需求配置，并尽量提供给消费者在同类产品中高质量的产品。营业时间要适当延长，充分利用消费者下班后的这段时间。价格起点必须降低，这样才有利于消费者的消费，从而扩大经营收入。

满足消费者服务周到的需求要从服务的各个环节考虑，为顾客提供美容美发知识，帮助消费者选择美容美发的方式和发型，提供优质服务，使消费者感到自己的要求得到了满足，从而促进美容美发销售。

（2）指导企业服务

为了做到通过满足顾客需要来实现企业目标的目的，必须使企业的经营活动与消费者需要协调一致，并能根据市场需求的变化做出调整。因此，市场营销的第二项功能就是将顾客需求和竞争者的信心不断反馈给决策部门，为企业的经营决策提供可靠的依据，使企业在美容美发品种、质量、价格、服务时间等方面都能与顾客需要相适应。这就是说，除了了解市场需求之外，企业还要根据市场需求扬长避短，设法提高应变能力，适应市场变化。

（3）开拓服务市场

适应市场不是被动地反应，而是主动地发掘和扩大消费者对企业服务的要求，这就是市场营销的第三项功能——开拓服务市场。要实现这项功能，一是从深度上开拓市场，即在现有市场上进一步挖掘潜在需求，利用各种营销手段稳定老顾客，争取新顾客；二是从广度上开拓市场，即在其他地区设立新的美容美发连锁企业，使企业服务范围逐步扩大，壮大企业实力。

（4）满足顾客需要

营销策略只有尽可能满足消费者的各种需求，才有利于扩大销售。有的消费者喜欢固定的美容美发方式，有的消费者喜欢新奇的美容美发方式，只有满足了消费者这种新奇感的要求才能扩大营业收入。美容美发企业为了消费者的这种需求，除了向市场上投放高级美容美发品种和创新品种以外，还要在制定营销策略中充分发挥宣传作用。例如，通过广告、微信、微博等宣传介绍新型美容美发品种和发型的优点，调动消费者的新奇感，促进销售。

### 2.1.3 美容美发产品市场营销

#### 1. 美容院、美发店产品市场营销的重要作用

只有专业人士才会对顾客的皮肤、发质有发言权，针对什么性质的肤质和发质，该使用什么专业产品，这是专业人士在推荐产品时必须给顾客强调的意识，并告诉顾客：自己不是专业人士，无法通过判断肤质、发质的情况来正确购买产品。如果判断错误或错误购买产品，可能会产生相反的效果，甚至越用越糟糕。因此，只有在专业人士指导下购买的产品，才是顾客真正需要的产品，顾客才能更放心地使用。

美容院、美发店专业护理的项目及产品种类繁多、功能齐全。祛斑、保湿、抗皱、烫发、染发等不同功效应有尽有。美容师、美发师只有在了解顾客的需求，仔细观察和耐心揣摩顾客意图之后，根据顾客的特点，才能有目的地推荐产品或护理项目。

有不少顾客对自己的皮肤或头发很在意，尤其是近年来环境污染现象日益严重，空气、水的质量令人担忧。所以美容美发师可以利用专业知识向顾客推荐能解决其实际问题的专业产品，同时还可以免费对顾客进行专业产品使用的辅导，或在顾客使用该产品时提供产品使

用的说明。

2. 美容院、美发店营销现状

现在美容美发在经营产品的结构上，客装产品的比例越来越大，使美容院、美发店成为一个非常好的产品销售渠道，这之中有着无限潜力。但无论产品规划得多么详细，包装多么引人注目，它本身却是静态的，不靠美容师、美发师的推销，产品功效是得不到发挥的。如果美容师、美发师不懂得销售产品，不能针对顾客的需要进行推销，产品效果再好，美容师的技术再好，产品也是难以销售出去的。

在今天的经营环境中，美容师、美发师不懂得产品销售，就不是合格的美容师、美发师，因为销售是一门综合性很强的学问，可以说美容师、美发师的素质体现在销售能力上。而不少美容师、美发师仅凭花费几个月就学到的技艺走上了美容师、美发师岗位，但要学好如何销售产品就没那么容易了。美容院、美发店要提高销售业绩，还是要靠美容师、美发师的推销，一个既懂技术又懂销售的美容师、美发师才是美容院、美发店利益的创造者，如果美容院、美发店能拥有一个既懂技术又懂销售的美容师、美发师团队，且团队精神优良，那绝对是一家成功的美容院、美发店。

3. 美容美发师应具备的营销素养

（1）熟悉美容、美发院的服务项目

美容、美发师如果对服务项目不熟悉，在介绍过程中自然会给顾客留下工作生疏或工作不认真的感觉，并会使其产生不信任感。顾客对美容、美发师的专业程度产生怀疑，自然就不会接受美容师的服务。作为顾客，有了解产品的权利，通常顾客问题越多，说明其对这个项目越感兴趣，美容、美发师销售成功的概率越大。

（2）熟悉产品

产品销售是美容院、美发店赢利的一个重要部分，作为一名优秀的美容师、美发师对其所销售的产品必须了如指掌，才能回答在销售过程中顾客可能会提出的任何问题，通常必须掌握的产品知识包括产品的名称、产品的价格、产品的功效及卖点、产品的使用方法和注意事项等。

（3）具有全面的专业知识

美容美发师在向顾客推荐产品或项目之前，应对顾客的皮肤、发质状况做一个全面了解，盘点皮肤类型、问题出现的内外因，再运用专业知识向顾客做出通俗易懂的说明，阐述出现问题的原因所在，希望顾客在家庭护理和日常生活中如何配合，给顾客一些温馨提示，让顾客感觉到美容美发师的专业及热心周到的服务，对销售推荐工作可起到事半功倍的效果。所以，美容美发师要不断地学习专业知识，了解新的行业资讯，不断充实、提升自己。

（4）灵活地应用

据统计，来到美容院、美发店消费的顾客以 16～50 岁居多，职业涵盖广泛，但以职业女性为主，每一个顾客都具有不同的性格特征、消费需求。美容美发师在应对过程中不但要有较全面的专业知识，还应掌握相应的销售心理学知识，这样才能在第一时间了解顾客的需求，针对顾客需求灵活做好销售工作。

### 4. 营销人员应该具备的基本技能

菲利普·科特勒认为，一名称职的营销人员应该具备以下技能。

（1）财务分析能力

称职的营销人员必须懂得财务分析知识，能够估计出市场对财务的影响，主要包括 EVA（economic value added，经济性附加值）、ROI（return on investment，投资回报率）、保本点分析、股东价值等；能够估量出消费者的获利率、订单规模和市场细分等。

（2）网络营销、数据库营销和电话营销等营销能力

要求营销人员能够掌握信息技术、设备，在技术方面具备理工科的背景。

（3）市场调研能力

能够进行市场调研、产品研发和管理、价格设定、渠道管理等都是营销人员应该具备的技能。

（4）沟通能力

出众的沟通能力对营销人员非常重要。因为营销人员在执行营销活动时，会面对本公司人员、顾客出现的各种复杂的情况，这就要求营销人员必须学会多元化的沟通方式，懂得与人沟通的技巧，从而很好地完成执行的任务。

（5）弹性创意能力

营销人员需要有创造性的思维，不受已有的观念束缚，并不断地刺激自己萌生新的创意，为企业发现新的收入途径。

（6）发掘新事物的能力

营销人员要以全球化的视角来认知新的机会，发现新事物。

一般情况下，营销人员在拜访客户时，可能会遇到客户问及有关竞争者的问题。营销人员的普遍做法是贬低竞争者，但这样做会让自己面临很大的信用风险。如果客户已经决定购买竞争者的产品，此时对竞争者进行贬损，势必会引起客户反感。这种目光短浅的行为更不利于营销人员与客户建立长期关系。

要维护企业信誉，营销人员必须坦诚，可以客观地描述企业产品与竞争者产品的关系，让客户自己做出选择与决定。

# 任务 2.2　服务与服务营销

## 技能目标与素质目标

### 知识

1. 掌握服务的定义与特点。
2. 掌握服务营销的含义、特征及功能。
3. 掌握美容美发服务内涵。
4. 掌握服务营销与传统的营销的比较。

### 能力

1. 具备良好的语言表达能力和沟通能力。
2. 具备交流与合作的能力。
3. 具备把书本知识应用于实际的能力。
4. 具备灵活的应变能力。

### 情感、态度、价值观

1. 体验营销活动充满着探索和创造。
2. 在学习活动中获得成功的体验，锻炼克服困难的意志，建立学好的信心。
3. 具有将所学知识服务于人类的意识。

## 2.2.1　服务

### 1. 服务的定义、作用和特点

（1）服务的定义与作用

服务指在一定空间或时间里，为顾客提供一切物质、精神生活等方面需要的总和。

服务是一种涉及某些无形因素的活动、过程和结果，既包括店员向消费者推荐商品、提供使用、感受功效等服务的活动和过程，又包括这一活动和过程的结果——消费者得到适合的，完全满意的护理产品和健康生活提示，而公司实现了销售目标。

服务是具有无形特征却可以给人带来某种利益或满足感的，可供有偿转让的一种或一系列活动。

服务是企业营销活动中强有力的竞争手段，对市场占有率影响很大。随着科学技术的发展，有形产品之间的质量差异日益缩小，产品的差异性越来越表现在服务方面。

（2）服务的特点

服务产品在本质上是无形的，也无须将任何东西的所有权转让。与有形产品不同，它具有无形性、不稳定性、不可分割性和易消逝性。

1）无形性。

服务本身是不可感知的，既看不到，也摸不着。消费者在购买服务之前，往往不能肯定他能得到什么样的服务，在接受服务后又通常很难察觉或立即感受到服务的利益，也难以对服务的质量做出客观的评价。所以，服务往往隐含在销售行为中，并随着商品一同销售出去，也就是说，因为有了优质的服务而促成了销售，才让消费者有了评价服务和商品的机会。

无形是服务的最明显的特点，不少营销专家认为无形和有形是服务与产品的最主要的区别。

2）不稳定性。

服务的无形性决定了其没有标准可言，不同的顾客要求和感受也不同，交易的结果也无法评估，只有交易双方心里明白，即使法律也无法干预。这种不稳定性也迫使企业需要严格加强服务质量的控制和规范。

服务无法像有形商品那样有实现标准，每次服务带给消费者的效用、消费者感知的服务质量都可能存在差异。不稳定性体现在以下三个方面。

① 由于服务人员的原因，如心理状态、服务技能、努力程度等，即使同一服务人员提供的服务也存在质量上的不稳定。

② 由于消费者的原因，如知识水平、爱好等，也直接影响着服务的质量和效果。

③ 由于服务人员和消费者间的相互作用的原因，在服务的不同次数购买和消费过程中，即使是同一服务人员向同一消费者提供服务也可能存在差异。正因为存在这些差异，所以必须对店员的服务行为制定一个统一的标准，尽量让消费者每一次都能感受到同样好的服务。

3）不可分割性。

服务是在时间和空间汇聚点同时进行的，是在交易双方同一时间、同一地点同时进行的，这就需要供给方能够有丰富的实践经验，消费者有充分的心理准备。

店员向消费者提供服务时，也是消费者消费服务的时刻，二者在时间上不可分割，所以消费者只有而且必须加入服务的过程才能消费到服务。

4）易消失性。

因为服务是及时点对点的行为，是瞬间感受性的，所以极易消失殆尽。对于服务方来讲，恰当满足且到位即可；而对于消费方来讲，彻底满意且有附加值最好。而由于其不可储存性，其消失成了投诉的难题，这个主要还是建立在诚信基础上的，诚信的判断标准也只有通过消费者个人感受和个人的对错来评分，而这些又多是不确定的。

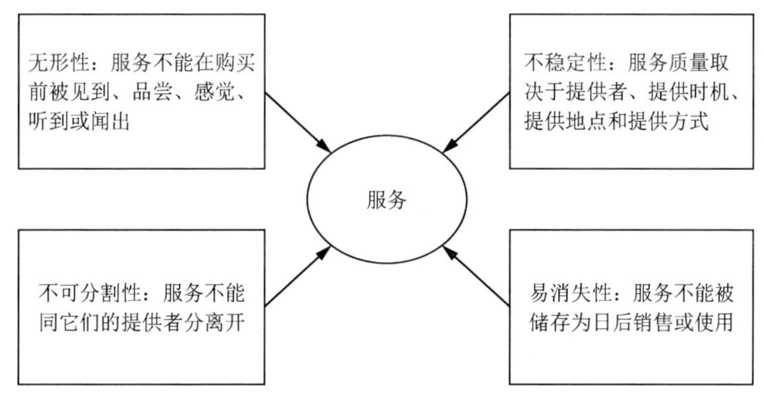


2. 美容美发业服务内涵

服务是通过人际交往来实现的，令人满意的服务来源于良好的功能服务和心理服务。

（1）功能服务

功能服务是有偿服务，是顾客必须受到法律保护的有形服务。它是服务者通过自己的技

能、技艺来为顾客提供的服务，如美容项目中的皮肤护理、美体及化妆等美容院明码标价的服务项目。功能服务质量的优劣取决于美容师技艺水平的高低和操作规范执行的好坏。

（2）心理服务

心理服务是指美容美发师在为顾客提供功能服务的同时，根据不同顾客的心理需求进行的一系列没有直接标价的服务。例如，对顾客进行慰藉、营造轻松愉快的气氛、言行之中表现出善解人意，从而使顾客有被重视、受尊重的感觉等。

（3）功能服务与心理服务的关系

优质服务是由功能服务和心理服务构成的，这两者是相辅相成的关系。

功能服务是心理服务的基础，是服务的必要因素。顾客走进美容院、美发店的驱动力首先来自对功能服务的需要，美容美发师必须给予技能、技艺方面的高效优质服务，才能使顾客感到有所收获。反之，如果顾客对功能服务不满意，美容美发师技术差，美容美发效果不佳，即使微笑再动人、语言再动听，顾客也会感到不愉快。

心理服务使功能服务具有诱惑力，给人以美的享受，是美容美发服务的魅力所在。顾客在接受功能服务的同时，又渴望得到良好的心理服务。良好的心理服务会使服务档次得到提升。所以，美容美发师不但应施以高超的技艺，而且应给予顾客优质的心理服务，使顾客心情愉悦，这样，顾客不但会觉得在美容院、美发店消费物有所值，更会产生一种信任或依赖的感觉；反之，一位板着面孔、语言生硬的美容美发师，尽管技艺高超，也会使人敬而远之甚至产生厌恶感。

### 3. 美容美发服务

（1）服务

美容美发以服务营销为手段，就是从满足顾客需要出发，以服务特色制胜。有人将服务概括为“SERVICE”，这个单词的每个字母所代表的含义是，S——smile（微笑，即服务是对每一位顾客提供微笑服务）；E——excellent（出色，即服务提供者要将每一项微小的工作都做得很出色）；R——ready（准备，即服务提供者要随时准备为顾客服务）；V——viewing（看待，即服务提供者要把每一位顾客都看作需要提供特殊照顾的贵宾）；I——inviting（邀请，即服务提供者在每一次服务结束时，都要邀请顾客再次光临）；C——creating（创造，即每一位服务提供者要精心创造出使顾客能享受其热情服务的气氛）；E——eye（眼光，即每一位服务提供者始终要用热情好客的眼光关注顾客，预测顾客需求，并及时提供服务，使顾客时刻感受到被关心）。

（2）美容美发业顾客服务的特质

美容美发业是为社会大众提供美丽、健康与幸福等所需的产品及相关服务的行业，其基本特质包括以下几个方面。

1）通过人来提供服务，接受服务的也是人。所以，服务是人与人之间的事（人际关系）。例如，美容美发师对顾客的服务也是一种人际关系。

2）美容美发业的产品兼具有形与无形，从硬体的设备到软体的企业文化都是产品的层面，顾客购买的不再只是“某件产品”，还包括“满意”。例如，来到美容院的顾客购买的不只是美容的服务，还包括美容院健康美丽的企业理念、忠实稳健的企业文化、温暖明亮的店面风格、舒适的店面空间配置、高品质的技术、合理公道的价格乃至美容师干净洁白的制服、亲切贴心的微笑等。种种有形与无形的服务品质会让顾客满意，而且会促使其再度光临。

3）每个人的状况皆不相同，无法完全一致化，可以局部异中求同，却无法全面地实施。例如，做脸部保养的顾客肤质不一样，所以保养的重点与方式也会不一样。

4）美容业追求的是买卖双方的共同满足，通过各种途径及策略获得双赢。

（3）美容院、美发店的顾客服务

美容院、美发店的顾客服务不应该只是提供硬件服务和软件服务，而且更应该提供以人为本的高质量服务。

1）美容院、美发店的“硬件服务”和“软件服务”。

美容院、美发店为顾客提供的美容、美发服务体现在两个方面：一是以“物对人的服务”来实现的，也叫“硬件服务”，如店面装饰、美容（发）仪器、美容（发）设备、美容（发）产品等；二是“人对人的服务”，也叫软件服务，就是由美容美发师直接对顾客进行服务，也是美容院、美发店服务的根本。

2）美容院、美发店的“硬件服务”和“软件服务”所起的不同作用。

有些美容院、美发店在“硬件服务”欠缺的条件下狠抓“软件服务”，结果在美容商战中反败为胜，拥有一批稳定的客源。而一些“硬件服务”上乘的美容院、美发店，因为忽略了“软件服务”，出现“门前冷落”的景象也不足为奇。

3）美容院、美发店“软件服务”的实质。

美容美发师为顾客服务的过程就是与顾客打交道的过程，也是与顾客进行“人际交往”的过程。美容院、美发店的“软件服务”就是以人为本的服务，其实质是美容美发师用专业的方法、热情的态度解决顾客的美容、美发问题，使顾客从中受益，从而获得身体上及精神上的愉悦享受。要达到以人为本的服务目的，美容美发师需具备高尚的职业情操和精湛的专业技术这两方面的素质。

（4）美容美发服务的方法

1）永远保持微笑。

微笑实际上是一种信号，等于告诉顾客自己愿意为他服务或乐意和他交往。真情的微笑是情感的自然表达，是良好沟通的开始。一张微笑、友善的脸能消除彼此间的隔阂和误会，即便是生气的顾客也希望自己看见的是微笑的脸。因此，美容美发师在为顾客服务的过程中，要学会以真诚的微笑面对顾客，让顾客从微笑中读出友善、读出信赖。

2）学会和顾客沟通，尽可能了解顾客。

沟通是实现亲情服务的第一步。在顾客服务中，要先用关心和热诚建立起自己和顾客之间的关系，和顾客进行感情上的沟通，应力争与顾客成为朋友。只要不涉及顾客的隐私，友善地询问一些顾客的情况，顾客会感觉到非常有人情味。

敢于说话又善于说话的美容美发师总是使人清楚地明白自己的意图，不敢说话又不善于说话的美容美发师经常使人产生误解。因此，在美容美发师的日常工作中，要学会突破自己，从不断的尝试中吸取教训，提升自己的沟通交流能力。

3）与顾客亲切地打招呼。

学会和顾客沟通，尽可能了解顾客。门店都在推行“欢迎光临”这样的礼貌用语，这对于陌生的顾客是非常合适的，但是对于已经很熟悉的顾客，别人就会有敬而远之的感觉。靠这种礼貌用语是无法拉近与顾客之间的距离的，此时说一句：“××，好久没见到您了，最近皮肤还好吧”，能够显得更有人情味。

4）注重细节，用心服务。

美容美发师应该把每一次对顾客的服务永远当作第一次，经常了解顾客的感受，细心做好每一件事，哪怕是为顾客倒一杯水。任何工作都是由许多细节组成的，细节决定成败，决定了服务的效果。亲切的称呼、会意的眼神、甜蜜的微笑、友好的提醒等亲和行为都会将美容院、美发店的真诚服务传递给每一位顾客。

5）送给客户惊喜。

惊喜是超出顾客预期的意外收获。如果美容美发师能够使顾客获得除美容护肤以外的满足感、归属感，相信会让顾客十分愉悦。

6）提供优质的美容美发服务。

服务水平是提高顾客满意度的有力支撑。美容美发师作为专业的美容护肤、美发护理人员，必须对各种美容护肤、美发护理知识很了解，精通美容院、美发店的各种产品的功效和使用状况，能够应对顾客的各种提问。

7）构建亲情团队。

在美容院的经营过程中，一个和谐的美容美发师团队是实现亲情服务的重要基础。在美容美发师团队内部树立一种共同成长的气氛，营造乐观向上、勇于负责的工作氛围，是美容美发师做好顾客服务工作的重要保证。

**案例分析**

**情境故事：**

一位客人在发廊染发，正当发型助理为她上染膏时，客人的手机响了。这位客人急忙从口袋中将手机拿出来，不巧，她的头一动，正好碰到了发型助理拿着刷子的手，一滴染膏落在了客人的手上，客人皱起了眉头。

客人：“啊，怎么回事！”

发型助理：“哦，对不起！”（继续嘀咕着）

客人：“快点，还不拿来毛巾擦一下。”

发型助理：“是，毛巾。”

客人（气呼呼地说）：“哼？这是一个什么店啊！”

**问题分析：**

客人来到这个店里，当然是为了改变自己的发型。愉快的美发过程是靠舒适的环境及良好的待客服务来创造的。待客服务的方法不当，再豪华的美发店、再高的美发技术，也是不会令人感到愉快的。在客人的要求越来越多样化的今天，美发店要认识到待客服务的重要性，掌握其技巧，注意服务细节，并恰当地运用到实际中。待客服务就是为了让客人满意，为了使客人在美发店里度过一段愉快的时光，店员所必须提供的服务和要做的工作。发型助理在遇到意外发生的事情时，不论是谁的错，都要第一时间道歉，然后紧急处理。

**应该这样做：**

一位客人在发廊染发，正当发型助理为她上染膏时，客人的手机响了。这位客人急忙从口袋中将手机拿出来，不巧，她的头一动，正好碰到了发型助理拿着刷子的手，一滴染膏落在了客人的手上，客人皱起了眉头。见此情形，发型助理连声道歉，并马上拿来了毛巾，细心地为客人清洗、擦拭，洗干净后，再次表示歉意，并诚恳地说："小姐，真的很抱歉，出现这样的事情太不应该了，为了表示我们的歉意，这次的消费我们给您打九折。"这时客人的怒意全消了："刚才是我拿手机引起的，不是你们的原因，对不起。"顾客结账时，又意外地发现发廊还送上了一张免费洗发的赠券，希望顾客下次光临。

此后，这位顾客成了发廊的熟客。

赢利法则：无论出现什么情况，在为客人提供服务时，美容美发师都应该做到一丝不苟。

### 2.2.2 服务营销

随着服务业的发展和产品营销中服务活动所占比例的提升，服务营销成为国内外营销学界的研究热点。科特勒明确指出服务营销代表了未来市场营销学的主要研究领域之一。

#### 1. 服务营销的含义

营销学上所谓的服务是指向市场提供的、能满足顾客某种需要的活动或利益，是产品整体的重要组成部分。服务可分为有形产品的服务和附加产品的服务。附加产品的服务是纯粹服务，如为顾客提供送货、消费信贷、信息、咨询等服务。

服务营销是企业在充分认识并满足消费者需求的前提下，为充分满足消费者需要，在营销过程中所采取的一系列活动。服务作为一种营销组合要素，真正引起人们重视是在 20 世纪 80 年代后期，这时期，由于科学技术的进步和社会生产力的显著提高，产业升级和生产的专业化发展日益加速，一方面使产品的服务含量，即产品的服务密集度日益增大；另一方面，随着劳动生产率的提高，市场转向买方市场，消费者的收入水平提高，他们的消费需求也逐渐发生变化，需求层次也相应提高，并向多样化方向拓展。

#### 2. 服务营销与传统营销的比较

服务营销不能简单地被归纳为以服务来促成交换，其核心理念是顾客的满意和忠诚，通过得到顾客的满意和忠诚来促进相互有利的交换，最终获取适当的利润和公司长远的发展。

服务营销与传统营销的比较

| 类　别 | 服务营销 | 传统营销 |
|---|---|---|
| 营销哲学 | 顾客不都是忠诚的 | 顾客永远是对的 |
| 侧重点 | 保留与维持现有的顾客 | 销售产品，扩大市场份额 |
| 服务作用 | 服务在留住顾客上起关键作用 | 服务是事后的想法，在有利于营销之外 |
| 服务表现 | 细心跟踪服务表现 | 对服务表现不做度量 |
| 服务项目 | 丰富 | 有限 |
| 承诺 | 提供足够承诺 | 提供有限承诺 |
| 质量 | 与产品和服务有关 | 与生产部门有关 |
| 顾客关系 | 注重沟通，形成伙伴关系 | 较少接触，关系浅 |
| 顾客数据库 | 发挥核心作用 | 不存在 |

同传统的营销方式相比较，服务营销是一种营销理念，企业营销的是服务，而传统的营销方式只是一种销售手段，企业营销的是具体的产品。在传统的营销方式下，消费者购买了产品意味着一桩买卖的完成，虽然它也有产品的售后服务，但那只是一种解决产品售后维修的职能。而从服务营销观念理解，消费者购买了产品仅仅意味着销售工作的开始而不是结束，企业关心的不仅是产品的成功售出，更注重的是消费者在享受企业通过产品所提供的服务的全过程的感受。这一点也可以从马斯洛的需求层次理论上理解：人最高的需求是尊重需求和自我实现需求，服务营销正是为消费者（或者人）提供了这种需求，而传统的营销方式只是提供了简单的满足消费者在生理或安全方面的需求。随着社会的进步、人民收入的提高，消费者需要的不仅仅是一个产品，更需要的是这种产品带来的特定或个性化的服务，从而使自己有一种被尊重和实现自我价值的感觉，而这种感觉所带来的就是顾客的忠诚度。服务营销不仅仅是某个行业发展的一种新趋势，更是社会进步的一种必然产物。

### 3. 服务营销的特征

（1）供求分散性

服务营销活动中，服务产品的供求具有分散性。不仅供方覆盖了第三产业的各个部门和行业，企业提供的服务也广泛而分散，而且需方更是涉及各类企业、社会团体和千家万户不同类型的消费者。由于服务企业一般占地小、资金少、经营灵活，往往分散在社会的各个角落，即使是大型的机械服务公司，也只能在有机械损坏或发生故障的地方提供服务。服务供求的分散性，要求服务网点要广泛而分散，尽可能地接近消费者。

（2）营销方式单一性

有形产品的营销方式有经销、代理和直销多种营销方式。有形产品在市场可以多次转手，经批发、零售多个环节才使产品到达消费者手中。服务营销则由于生产与消费的统一性，决定其只能采取直销方式，中间商介入是不可能的，储存待售也不可能。服务营销方式的单一性、直接性，既在一定程度上限制了服务市场规模的扩大，也限制了服务业在许多市场上出售自己的服务产品，这给服务产品的推销带来了困难。

（3）营销对象复杂多变

服务市场的购买者是多元的、广泛的、复杂的。购买服务的消费者的购买动机和目的各异，某一服务产品的购买者可能涉及社会各界各业各种不同类型的家庭和不同身份的个人，即使购买同一服务产品，有的用于生活消费，有的却用于生产消费，如信息咨询、邮电通信等。

（4）服务消费者需求弹性大

根据马斯洛需求层次原理，人们的基本物质需求是一种原发性需求，这类需求易使人们产生共性，而人们对精神文化消费的需求属于继发性需求，需求者会因为各自所处的社会环境和各自具备的条件不同而形成较大的需求弹性。同时对服务的需求与对有形产品的需求在一定组织及总金额支出中相互牵制，也是形成需求弹性大的原因之一。同时，服务需求受外界条件影响大，如季节的变化、气候的变化、科技发展的日新月异等，对信息服务、环保服务、旅游服务、航运服务的需求造成了重大影响。需求的弹性是服务业经营者最棘手的问题。

（5）对服务人员的技术、技能、技艺要求高

服务者的技术、技能、技艺直接关系着服务质量。消费者对各种服务产品的质量要求也就是对服务人员的技术、技能、技艺的要求。服务者的服务质量不可能有唯一的、统一的衡量标准，而只能有相对的标准和凭购买者的感觉体会。

4. 美容美发行业做好服务营销的方法

1）互动沟通——构建服务平台。

2）消费认知——塑造专业品质。

3）销售未动，调查先行。

4）前期预热，营造活动气氛。

5）中期控制，体现活动权威。

6）后期宣传，强化活动效应。

服务营销是企业营销管理深化的内在要求，也是企业在新的市场形势下竞争优势的新要素。服务营销的运用不仅丰富了市场营销的内涵，而且也提高了面对市场经济的综合素质。针对企业竞争的新特点，注重产品服务市场细分，服务差异化、有形化、标准化及服务品牌、公关等问题的研究，是当前企业竞争制胜的重要保证。

# 任务 2.3 营 销 策 略

## 学习目标

知识

1. 掌握关系营销的内涵与特征。
2. 掌握美容美发关系营销策略的运用。
3. 掌握定价的基本策略的内涵。
4. 定价的基本策略的使用。

能力

1. 具备良好的语言表达能力和沟通能力。
2. 具有营销策划的能力。
3. 熟练应用关系营销策略。
4. 具有灵活的应变能力。

情感、态度、价值观

1. 积极参与营销活动，对美容美发产品营销有好奇心和求知欲。
2. 确立积极进取的人生态度，塑造健全的人格。

### 2.3.1 关系营销策略

关系营销是在传统营销的基础上融合系统论、协同学、传播学等社会学科的思想而发展起来的。关系营销是于 20 世纪 70 年代首先由北欧学者提出，自 80 年代以来，关系营销理论得到了广泛的传播、发展与应用的，一种以科学理论和方法为指导的新型营销观念，是营销理论的又一个里程碑。

1. 关系营销的内涵

随着消费文化与心理的改变及计算机网络的发展和扩大，市场竞争日趋激烈，与寻求新顾客相比，保留住老顾客更便宜、更经济，以顾客的满意与忠诚度为标志的市场份额的质量取代了市场份额的规模而成为决定利润的主要因素，由此产生了新的营销理念——关系营销。

关系营销强调充分利用现有的各种资源，采取各种有效的方法和手段，使企业与其利益相关者，如顾客、分销商、供应商、政府等建立长期的、彼此信任的、互利的、牢固的合作伙伴关系，其中最主要的是企业与消费者的关系。关系营销体现了更多的人文关怀的色彩，而少了金钱交易关系。它更注重和消费者的交流和沟通，强调通过顾客服务来满足、方便消费者，以提高顾客的满意与忠诚度，达到提高市场份额质量的目的。如何留住顾客，并与顾客建立长期稳定的关系，是关系营销的实质。这一理论强调营销活动要与涉及的各方建立起相互信任的合作关系，不仅争取顾客和创造交易（识别和建立关系）是重要的，维护和巩固已有的关系更重要。营销的责任不仅是给予承诺，更重要的是履行承诺。

关系营销与传统市场营销有着很大的区别，传统营销是建立在“以生产者为中心”的基础之上的，而关系营销是建立在“以消费者为中心”的基础之上的。传统营销的核心是交易，企业通过诱使对方发生交易从中获利；而关系营销的核心是关系，企业通过建立双方真正的互惠合作关系从中获利。传统营销把视野局限于目标市场上，而关系营销所涉及的范围包括顾客、供应商、分销商、竞争对手、银行、政府及内部员工等。传统营销关心如何生产，如何获得顾客；而关系营销强调充分利用现有资源来留住自己的顾客。

2. 关系营销的本质特征

（1）双向信息沟通交流

在关系营销中，交流是双向的，既可以由企业开始，也可由顾客或其他营销方开始。主要由企业和顾客联系进行双向交流，对于加深顾客对企业的认识、察觉需求的变化、满足顾客的特殊需求及维系顾客等方面有重要意义。广泛的信息交流与信息共享可使企业赢得支持与合作。

（2）协同合作的战略过程

在关系营销中，企业营销的宗旨从追求每一笔交易的利润最大化转向追求各方利益的最优化，通过与公司营销网络中的成员建立长期、良好、稳定的伙伴关系，保证销售额和利润的稳定增长。不仅仅是企事业与顾客之间需要保持良好的合作关系，而且企业与企业之间也要保持长期合作关系。

（3）互利互惠的营销活动

真正的关系营销的目的是使关系双方互利互惠。因此，关系协调的关键在于了解双方的利益需求，寻找双方的利益共同点，并努力使共同的利益得以实现。实行输赢策略的企业往往与竞争者完全对立起来，有时会导致双输的结果。关系营销的基本目标是赢得公众的信赖、好感与合作，因此当关系双方的利益相冲突时，企业只能舍弃实质利益，换来宝贵的关系利益。相对于过去的营销技巧中的输赢，关系营销展示了双赢的选择。

（4）以反馈为职能的管理系统

关系营销要求建立专门的部门，用以追踪顾客、经销商及营销体系中其他参与者的态度。因此，关系营销必须建立一个反馈的循环，用以连接关系的双方，公司可以由此了解环境的动态变化，根据关系方提供的反馈信息改进产品和技术。

3. 关系营销的基本模式和中心

（1）关系营销的基本模式

关系营销的中心（顾客忠诚）⟶关系营销的构成（梯度推进）⟶关系营销的模式（作用方程）。

（2）关系营销的中心——顾客忠诚

关系营销以顾客需求为中心，协调各种可能影响顾客的活动，最终达到满足顾客需求的目标。其核心是顾客忠诚。怎样才能获得顾客忠诚呢？发现正当需求⟶满足需求并保证顾客满意⟶维系顾客，构成了关系营销中的三部曲。

企业要分析顾客需求：顾客需求满足与否的衡量标准是顾客满意程度，顾客满意会给企业带来有形的好处（如重复购买该企业产品）和无形产品（如宣传企业形象）。有营销学学者提出了导致顾客全面满意的七个因素及其相互间的关系：欲望、感知绩效、期望、欲望一致、期望一致、属性满意、信息满意；欲望和感知绩效生成欲望一致，期望和感知绩效生成期望一致，然后生成属性满意和信息满意，最后导致全面满意。

满足需求并保证顾客满意：期望和欲望与感知绩效的差异程度是产生满意感的来源，因此，企业可采取这样的方法来取得顾客满意，即提供满意的产品和服务；提供附加利益，提供信息通道。

维系顾客：市场竞争的实质是争夺顾客资源，维系原有顾客，减少顾客的流失，要比争取新顾客更为有效。维系顾客不仅仅需要维持顾客的满意程度，还必须分析顾客产生满意程度感的最终原因，从而有针对性地采取措施来维系顾客。

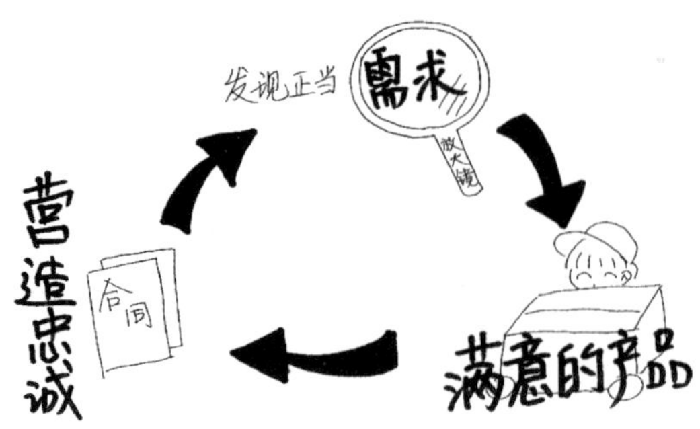


4. 关系营销的适用性

关系营销具有许多其他营销方法不可比拟的优越性，但并不适用于任何类型的企业。要明确关系营销的适用性，首先要分析企业与顾客之间的关系的层次性。科特勒将企业与顾客之间的关系水平区分为如下五种。

1）基本型：销售人员把产品销售出去就不再与顾客接触。

2）被动型：销售人员鼓动顾客在遇到问题或有意见时与公司联系。

3）负责型：销售人员在产品销售出去后，主动征求顾客意见。

4）能动型：销售人员不断向顾客询问改进产品用途的建议或者关于有用新产品的信息。

5）伙伴型：公司与顾客共同努力，寻求顾客合理开支的方法，或者帮助顾客更好地进行购买。

5. 美容美发关系营销策略的运用

在美容美发市场竞争日趋激烈的情况下，虽然争取新顾客很重要，但留住老顾客仍然是许多美容美发企业取得市场的主要策略。要留住顾客，就只能在搞好企业与顾客的关系上下功夫。这样一套如何在企业和顾客相互关系方面下工夫的方法，就是关系营销策略。关系营销策略中最基本的内容是接触式营销，即在服务的买卖双方发生接触时，美容美发师和服务人员处处从营销需要出发，利用有形和无形的条件，满足顾客的需求和爱好，以便做到让其慕名而来、满意而归、愿意再来，并主动向亲朋好友做到正面的宣传和介绍。在接触式营销活动中，起决定性作用的是对关键时刻的经营管理。例如，在顾客进门时、老顾客接受服务时、在顾客离开时，美容美发企业要制定规范的服务措施，加强这些关键时刻的营销管理。如果企业对关键时刻的经营管理不好，随随便便、马马虎虎地应付顾客，那就浪费了这种做广告、搞营销的“黄金时间”，这是企业利用任何其他的广告宣传、公关工作都无法弥补的损失，再也没有其他的办法能将顾客和企业联系到一起。因而，美容美发企业实施任何营销策略都要首先重视和利用关系营销策略；而在关系营销策略中要重视和利用接触式营销活动；在接触式营销活动中应当强化对关键时刻的经营管理。若不这样考虑问题，企业的整个服务经营策略就会缺乏实效。

一般来说，企业要赢得一名新顾客，并最终促使其下决心购买企业的服务，这样所花的成本要比简单地留住一名顾客、促使其重复光顾企业大得多。有人做过粗略的计算，新发展一名顾客所花成本一般是留住一名顾客的 7 倍，而要重新赢得老顾客的信任所花的代价则为简单地留住一名顾客的 25 倍。因此，美容美发企业在实行接触式营销策略时要采取切实可行的措施赢得顾客。

### 2.3.2 制定价格策略

企业要营销产品，就必须确定一个合适的价格。产品定价过高，就会导致销量降低；产品定价过低，就会导致利润受损。那么，企业应该如何定价？制定出什么样的价格才算是合适的呢？

1. 定价的含义

科特勒认为，定价是市场营销学中最重要的组成部分之一，是一种主要研究商品或服务的价格制定和价格变更的营销策略，以求得最佳的营销效果和营销收益。

企业在定价上有很多技巧，最常用的就是“非整数法”。这是一种把商品零售价格制定成带有零头结尾的非整数的营销策略，有的销售专家称之为“非整数价格”。例如，我们在超市中经常看到这样的标价：5.9 元、12.8 元，而不是 6 元、13 元。

“非整数法”是一种极能激发消费者购买欲望的定价策略。科特勒认为，消费者在心理上总是存在零头价格比整数价格低的感觉。如果产品计划定价 6 元，但是企业定价 5.9 元，价格降低了一角钱，但却会给顾客留下一个良好的印象。

2. 影响定价的因素

科特勒认为，产品的价格是一个区间，该区间的上限是顾客能够接受、可以产生消费需求的最高价格，下限是企业能够获得利润的最低价格。如果定价过高，超过了顾客对该产品的价格期望，消费者就不会购买产品；如果定价过低，甚至低于产品成本，企业就不会获得利润。因此，从中可以看出，影响企业定价的因素主要有两个：顾客导向定价和成本导向定价。

（1）顾客导向定价

顾客导向定价是指企业将顾客对该产品的价值感知作为定价的核心，将产品的既有成本置于次要地位。这种定价机制要求企业的营销人员对产品进行定价，必须在营销计划制订之前，而不是等设计了产品和营销计划之后再进行定价。实行顾客导向定价要遵循这样的步骤：首先，对顾客需要和价值感知进行评价，制定出与顾客感知价值相匹配的价格；其次，考虑生产这种价格的产品可能产生的成本；最后，决定设计生产这种能以目标价格传递潜在价值的产品。

（2）成本导向定价

成本导向定价是指企业将生产该产品产生的成本作为定价的核心，将顾客对产品的价值感知置于次要地位。这种定价机制要求企业的营销人员对产品进行定价，必须在产品或营销计划制订之后，以产品成本为基础，而不是在营销计划制订之前先进行定价。实行成本导向定价同样要遵循一定的步骤：首先，要设计出具有市场前景的产品；其次，评估这种产品的成本，根据评估成本设定产品价格；最后，让消费者相信这种产品是物有所值，甚至是物超所值的。

3. 定价的基本策略

（1）折扣定价策略

折扣定价策略是企业通过折扣让利的形式，来对产品进行定价。折扣定价一般包括现金折扣和数量折扣两种定价方式。

现金折扣是指企业为迅速付款购买产品的顾客，提供价格上的让利。例如，给顾客在标准售价的基础上打八折。数量折扣是指企业为大宗数量购买的顾客提供价格上的让利。例如，顾客一次性购买的产品数量庞大，销售商会在标准售价的基础上让利销售。

（2）心理定价策略

针对消费者购买心理来进行定价的策略被称为心理定价策略。

1）尾数定价策略。

尾数定价依据消费者的尾数价格比整数价格便宜的消费心理而采取的一种定价技巧。例如，一件商品定价为49.5元，给顾客的感觉就是少于50元，比较便宜，同时又因标价精确给人以信赖感，从而乐意购买。这样就能达到促进顾客购买、使企业增加销售的目的。

2）整数定价策略。

整数定价策略是把商品定为一个整数，不带尾数。高档商品、奢侈品常采用整数定价策略。例如，一辆价值49.9万元的小轿车定价50万元，这样能使价格上升到较高一级档次，借以满足消费者的高消费心理。

3）声望定价策略。

声望定价策略是指一种利用企业和产品的声誉，对产品进行定价，其产品价格比一般商品价格要高。这种策略有利于提高企业和产品的形象。

4）招徕定价策略。

招徕定价策略是一种利用消费者求廉价的心理，将少数几种商品暂时降低价格，吸引和招揽顾客购买的一种技巧。这种定价有助于在招揽顾客购买特价产品的同时，促使其选购非特价商品。

### 4. 美容美发店的定价方法

（1）差别定价法

美容院、美发店经常根据顾客、产品、服务、技能、地址等差异来调整其基本的价格。差别定价法是指美容院、美发店按照两种或两种以上的不同反映或成本费用的比例差异的价格来销售产品或服务。例如，早上9点至中午12点，收费与下午、晚上的不同；儿童、残疾人、军人的收费与正常收费不同，这样做是想通过提高人气，来创造尽可能多的收入。

（2）需求定价法

采取需求定价法必须具备以下条件：市场必须可以细分，各个细分市场和近年市场的成本不得超过实行差别定价所取得的额外收入；差别价格不会引起顾客的厌恶和不满。

（3）项目产品、技能、服务、组合定价法

任何美容院、美发店的产品只是组合中的一个小部分，主要是技能、服务。美容院、美发店要研究出一系列价格使这个组合合理。如果不准确会带来不同程度的竞争，所以定价十分困难，需要慎重。

总之，调整价格主要是指经营者经过策划，根据上述情况加以分析、判断，在时间空间、服务、技能、设备项目发生变化时，应适应这种环境而改变价格。

**策略**

制定价格策略

（1）任务布置

某品牌洗发水欲打开重庆市场。那么该产品的价格应该定位在什么位置？该企业为打开重庆市场，应采用何种价格策略？

（2）具体产品定价流程

调查产品市场状况——调查产品市场供求状况、市场价格状况及变动趋势等。

制定定价策略与方法——商讨、确定产品定价策略与方法。

产品成本分析与测算——调查分析产品成本的构成情况，确定产品的目标价格；依据产品成本结构信息进行成本测算。

研究竞争对手价格策略——对竞争对手的产品进行研究，包括其定价策略、品牌知名度等。

分析、预测客户心理价位——调查分析目标客户对价格变化的期望和反应，确定目标客户的心理价位。

确定企业产品价格——汇总上述产品价格相关信息，综合考虑各个定价因素，确定产品价格。

产品价格调整——根据市场变化、产品变换及总体经济形势等因素，市场部及时进行产品价格调整，保证产品的市场地位。

（3）解决方案

1）企业产品定位。

① 功能定位为具有去屑、养护功能的洗发水。

② 规格定位为每瓶200毫升。

③ 质量定位为与知名品牌××公司的产品质量相当。

2）同类产品市场调查分析。

为确保此项产品定价合理，能成功地进行市场运作，针对同类产品（去屑功能、200毫升装）及消费者进行了为期三天的市场调查，搜集到许多相关产品的数据，得出了以下结论。

① 同类产品价格调查结果分析。经过调查，市场上主要品牌的洗发产品根据地域的不同，其价格也不相同，具体如下表所示。

**不同品牌同类产品市场价格**

| 品　牌 | 价格范围/（元/瓶） | 品　牌 | 价格范围/（元/瓶） |
|---|---|---|---|
| A产品 | 8.9～9.3 | C产品 | 13.5～13.9 |
| B产品 | 18.72 | D产品 | 18.1～18.6 |

项目2 市场营销基础知识

续表

| 品　牌 | 价格范围/（元/瓶） | 品　牌 | 价格范围/（元/瓶） |
|---|---|---|---|
| E 产品 | 18.3～18.9 | G 产品 | 18.6～19.2 |
| F 产品 | 17.2～17.8 | | |
| 结论 | 不同的地域同一产品的价格虽不同，但总体的范围为 8.9～19.2 元，绝大多数为 17～19 元 | | |

② 消费者调查结果分析。

消费者购买产品时，36%的人注重价格，46%的人注重品牌。因此，应在产品上市前着重做好产品的广告宣传，争取获得“品牌效应”，同时顾及产品的价格。

消费者使用产品时，其价格在 17 元以上的占 50%，价格在 13～16 元的占 30%。因此，可以将产品价格定位为 13～19.2 元。

消费者选购产品时，50%的人对包装持不在乎态度。因此，对产品的包装不用下大工夫，以控制产品成本为原则。

38%的消费者在打折的情况下愿意购买新产品，而且有 60%的消费者愿意在商场内的促销点购买。60%的消费者会购买产品价格在 13.5～15.5 元的新的洗发产品。因此，产品的定价可在 17～19 元，而打折促销时间段的价格可以定位于 13.5～15.5 元。

消费者在选择产品时，有 38%的人受广告的影响，42%的人不受广告的影响。因此，产品上市前应适当进行广告宣传并配合打折促销活动，激发消费者的购买欲望，使之关注产品，从而忠诚于产品。

3）本企业产品定价策略。

通过上述调查结果分析，企业的洗发产品定价为每瓶 17.0～17.9 元，原因如下。

① 因地域的不同，消费者选择产品总体范围在 8.9～19.2 元/瓶，但绝大多数的消费者选择产品的价格都在 17～19 元。消费者有 50%的人所购买的产品的价格在 17 元以上。

② 洗发水属于日常用品，人们对产品的价格比较深刻，易于比较，但质量就需要通过使用来感受。公司的产品虽然与××品牌的产品质量相当，但没有其那么长的市场年度，也没有和它同样的消费者的信赖度。因此，想要抓住消费者的心，使其成为自己的忠实客户，必须采用渗透价格策略，价价要定为 18.2～18.6 元/瓶。

③ 由于绝大多数的产品价格在 17～19 元/瓶，因此，市场价格应该定为 17～18.2 元/瓶，而且 58%的人在打折期间都有购买产品的欲望，所以如果产品商场定价在 17～18.2 元/瓶，其打折价格应定于 13.5～15.5 元/瓶。

④ 心理定价策略原理也会运用在价格上。例如，17.8 元的价格与 18 元的价格虽然只相差几毛，但消费者就会觉得有一种实惠感。

### 2.3.3 美容美发营销策略

1. 美容美发营销

美容美发企业要把营销看成企业与顾客之间发生周而复始的联系过程，如下页图所示。

企业要设法将顾客留在这个周期内，必须明确顾客究竟处于哪一个阶段，然后针对这一阶段顾客的需要，采取恰当的营销方法和手段去接近和留住顾客。首先要注意的是，企业如果许下承诺而把潜在的顾客拉到了这个周期内，但又不能兑现承诺，那么潜在的顾客就有可能在任何阶段自行离去，而且会随之发出若干对企业不利的口头信息；其次，即便企业兑现了自己的承诺，但由于没有管理好一线员工与顾客的接触，无视对顾客消费过程的管理，给顾客留下了恶劣的印象，顾客也会愤然离去；再次，就是顾客的行为会受到外界的影响，如亲朋好友的劝说就极有可能打消顾客的购买念头；最后，竞争对手如果许下的承诺比本企业多，也会把顾客拉走。所谓承诺多，一般是指服务态度好、技术质量更高或者价格更低。针对可能出现的这些问题，企业应制定切实可行的防御措施，以尽可能地减少不利因素造成的损失，主要应从以下几个方面着手。

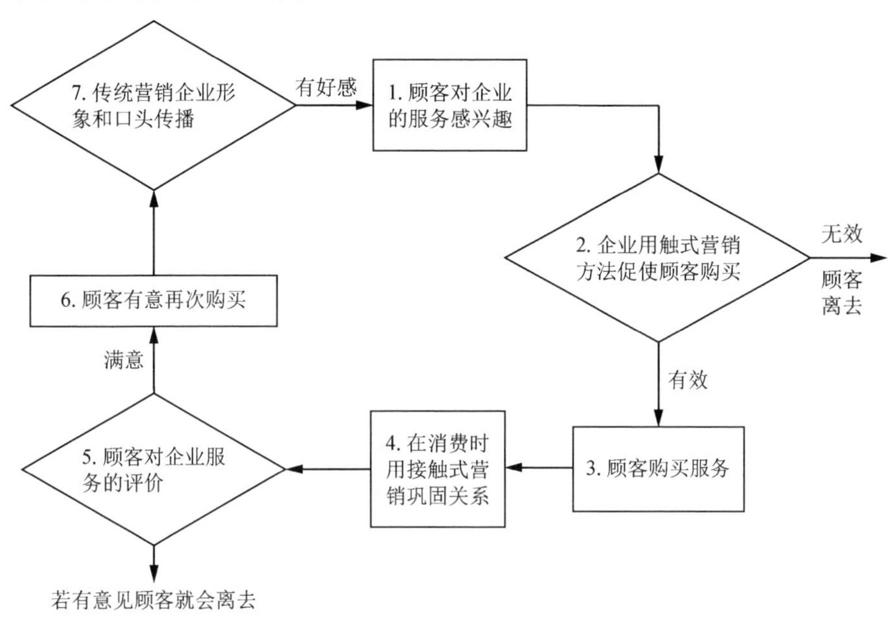


（1）进行有效宣传

美容美发企业要进行有效的宣传，首先必须明确宣传的目的是什么，是为了吸引顾客而宣传，还是为了稳定顾客而宣传。有的美容院、美发店虽然一年中宣传了很多次，张贴了许多宣传标语，却没有明显的效果，主要原因是宣传目的不明确、宣传的内容难以吸引顾客。美容企业宣传的方法主要有广告宣传和行动宣传两种。

1）广告宣传。

广告宣传有两种表现方法：一是形象广告，二是具体的工作表现广告。所谓形象广告，是采用对比化妆品宣传的方法，即在风景照片等图画的一角附上商品的照片，表现商品形象的方法。例如，有一个美容广告是以巴黎风景照为背景的，然后标上其化妆品等材料全部从法国进口，这就是形象广告。所谓具体的工作表现广告，就是将美容美发企业开业几周年，从何时开始设立美容、美体、美发部等内容制作成广告，以一些具体的工作表现直接作为宣传的一种方式。

为了使宣传在顾客心中留下深刻的印象，根据宣传的目的，一方面，形象广告要在心理上强烈感动顾客；另一方面，宣传的内容要有吸引力，能在顾客心中留下强烈的印象，这两方面都是很重要的。

一般来说，在宣传企业的技术时应采用形象广告，在宣传推销、费用、纪念活动时采用具体的工作表现广告。在设计广告内容时要根据顾客的需要，激发顾客的兴趣，从而吸引顾客。例如，有美容美发企业在散发宣传卡片上记载了当前季节的皮肤、头发保养方法和化妆品的选择方法等美容、美发知识，有许多顾客把这些卡片小心地保存起来备查，这样的宣传就起到了吸引顾客的作用。

为了稳定顾客，在不同的地区要做不同方式的宣传。例如，在商业街地区，一般来说，顾客的流动性大，宣传对象不只是固定客源，要注意对自由流动的顾客进行宣传，开拓新客源，在办公大楼地区，宣传要以办公室工作人员为主要对象，特别要注意宣传时间上的方便性（预约制、技术、速度、服务等）。在住宅区要注意对顾客宣传服务热情、方便，给顾客留下良好的印象。

2）行动宣传。

有的美容美发企业为了开拓客源，做了很多种形式的宣传，但在向顾客调查宣传结果时，却发现大部分顾客都是经由熟人或者亲戚介绍才来美容院、美发店的。大家都认为电视、报纸、宣传广告的宣传力量大，但美容美发业却不同，顾客与顾客之间所建立的口碑影响力更大。因此，美容美发企业开拓客源最基本、最重要的就是平时的店内活动，通过店内活动向顾客宣传服务和美容美发技术，给顾客留下良好的印象，以此加强建立口碑的宣传结果。

美容美发企业在依靠技术的同时，还必须依靠服务来满足顾客的要求，让顾客感到心情舒畅。不同顾客的需求不一样。例如，忙碌的顾客则希望美容师手艺高超且动作迅速；时间宽裕的顾客则希望得到悠然自在的服务。因此，美容美发企业的员工要研究不同顾客的需求，提供顾客满意的服务。

（2）谋求顾客的组织化

从企业规模来看，一般美容院、美发店都是小规模企业，员工人数在 5 人以下的占总数的 80%以上。大多数美容院、美发店企业都是以区域顾客为对象来经营的，所以确保固定客源是十分重要的，而开拓新客源更为重要。在条件允许的情况下，可以实行顾客会员制度，谋求顾客的组织化。

1）建立会员制度。

这是一种稳定客源的措施。对个人会员建立个人档案，在档案上记录下顾客喜爱的美容美发方式，以便有针对性地为顾客服务。会员可以及时得到美容美发信息，享受美容美发优惠价格，参加美容美发研究会，免费接受美容美发培训。对于团体会员，可以向这些会员单位发放美容美发优惠票券，并做好宣传工作，将其他一些职工福利较好的单位发展为本企业的会员，努力扩大服务范围。

2）建立介绍卡制度。

这是利用介绍卡开拓客源的一种有效方法。这种方法就是把介绍卡散发给到美容店美容美发的所有顾客。如果向美容院介绍的客人在 5 人以上，介绍者就能从美容院得到一份纪念品或一定数目的奖金。

（3）实行义务顾客教育

所谓顾客教育，就是向顾客灌输美容美发知识，同时也能让顾客知道本企业美容美发技术和服务内容的广告宣传活动。它是通过美容美发知识来密切顾客和美容美发企业之间的关系。

例如，大多数顾客都认为烫发以后平时可以自己护理头发，3 个月左右再去美发店美发一次即可。有的顾客缺乏美发知识，难以选择适合自己头皮、头发的洗发香波，以致使头皮受到损伤。美容美发企业要从顾客的利益出发，及时向顾客提供义务教育。在仔细研究顾客头发、头皮性质的基础上，在为顾客服务的过程中，间接地告诉顾客头发的保养方法。例如，对于头皮屑很多的顾客，在谈话中就针对头皮屑提出建议；对于头发蓬乱的顾客，就向顾客委婉地提出洗发、梳发方面的建议；叮嘱顾客 7～8 月一定要坚持美发，或到初秋时凭美容记录卡到店护理，以防止强烈阳光损伤皮肤和头发。这样既能发挥美容美发院的优点，又能增加服务的亲切感，从而赢得顾客的信赖。

2. 美容美发师销售过程

根据美容美发顾问的销售实践，我们可以把销售过程分为以下七个步骤。

第一步，通过发问，了解需求。

美容美发顾问至少要提问三个以上的专业问题，了解客户需求。具体要求：专业、准备充分、礼貌与形象兼具。

① “您好，欢迎光临。请问您贵姓？”然后做自我介绍。

② “请问您是做面部护理还是身体护理？”“请问您是美容还是美发？”“请问，您是剪发还是烫发？”

第二步，重复问题，吸引客户。

“做身体护理啊，您要做身体哪个部位的护理呢？”

重要的是忘掉自己推销的目的，全神贯注于客户的答案，然后重复重要的单词和内容，表明听到了客户的需要。

第三步，两种推荐，避免拒绝。

“您想瘦大腿，还是胳膊，是吗？”（再次重复客户问题获得肯定，以保持交流的节奏）

“我们有精油瘦身疗程，可以完全塑型，通过精油渗透作用排除体内的多余水分和废物，使身体加速代谢，通常一到三个疗程就可以减少 2～5 厘米。另外，还有一款仪器塑形疗程。通过微电流在脂肪上的运行，帮助我们快速实现代谢，通常做 20 分钟仪器相当于跑步 10 千米消耗的热量。我拿给您看一下这两种项目的介绍，好吗？”（迄今为止，还没有谈论到价格及打折。正确的问话会帮助自己掌握销售的方向从而避免客户说“不”）此处的关键是体现两种项目的操作及价格和形式构成差异，增加客户的选择空间。

第四步，关注原因，建立信任。

“您知道大腿和胳膊为什么会显得臃肿吗？”

客户不会知道，或者大部分客户会说“不清楚”。这时自己可以开始专业部分的讲解，令客户信服从而推荐可以解决她的问题的产品。

讲解完后通常客户会询问：“您看我做哪个项目比较合适呢？”这时，记得要加入一句试探性问话：“请问您一个月能来几次美容院呢？”根据客户的回答，再进行针对性的项目推荐就有说服力了。

第五步，给出方案，解决问题。

关于这部分的解决方案要围绕具体项目的效果陈述和是否与来店次数有关做详细讲解，还有效果的决定因素与皮肤及经络的运行周期有直接关联，要充分体现“疗程是疗效的保证”这样一个道理。

第六步，再次确认，克服异议。

当客户选择了二择一方案中的一个或直接选择两个后，应明确客户的选择：“您的选择真是十分合适。”“我给您报一下价格好吗？”

第七步，技巧报价，专业促成销售。

当为客户提供报价的时候，顾问册中的产品设计就开始发挥作用了。报价应该遵循从低到高的顺序，给客户一个惊喜而不是一个惊讶，更不是一个便宜。

**案例**

欧莱雅开拓中国市场的营销策略

欧莱雅是世界化妆品行业的领先者，它的销售业绩在全球范围内稳步增长。迄今为止，欧莱雅在亚洲国家的发展势头依然迅猛，其最大动力正是来源于它把亚洲市场作为今后数年扩展的目标。

欧莱雅的中国之行始于香港，早在 1966 年就通过一家名为 Scental Ltd 的经销办事处销售产品。当时，这个公司的主要业务是将兰蔻（Lancome）和 Guy Laroche 品牌的产品推销到化妆品专卖店、百货商场和各类免税商店。1979 年，Scental Ltd 成为其全资子公司，同时将其业务拓展到护发产品，并建立了广泛的市场渠道。

1993 年初，欧莱雅向进军中国市场迈出了重要一步，一支开拓市场的队伍正式在香港成立。为尽快了解和把握中国市场，欧莱雅首先在广州、上海、北京三大城市设立了形象柜台。

在成功收购了美宝莲品牌之后，欧莱雅不仅扩大了全球市场的产品线，还取得了全面进入中国市场的机会。通过美宝莲的销售渠道，欧莱雅迅速渗透到中国化妆品市场。至 2000 年，欧莱雅在中国 50 多个大城市成立了 870 家专卖店，聘用了 2000 名专业美容顾问，并成功推广了欧莱雅、美宝莲、兰蔻、薇姿四个品牌。在此之后，欧莱雅又耗资 3 千万美元在苏州工业园区建造了分工厂。专门生产大众化妆品的苏州工厂于 1999 年 4 月正式投产。新工厂将从事染发剂、粉底、睫毛膏和指甲油的生产，其生产能力将达到 2 千万套，并向欧莱雅全球市场供货。

1. 在中国市场的产品策略

研究数据表明，欧莱雅产品卓尔不凡的高品质是它博得中国消费者青睐的主要原因。此外，产品的多样化也是造就良好销售业绩不可忽视的重要原因。产品线的拓展全面满足了消费者的不同需求，并为欧莱雅赢得了市场份额。尽管售价颇高，但消费者更愿意获得欧莱雅的承诺。

就中国市场而言，欧莱雅的四大产品类型各具特色，它们分别是专业美发品、大众化妆品、高档化妆品（香水和美容品）、特殊化妆品。如今，欧莱雅在中国市场推出的品牌有巴黎欧莱雅、法国兰蔻、纽约美宝莲、Vichy Laboratories、Ralph Lauren、Giorgio Armani Perfumes、

Biotherm、Helena Rubinstein、Laboratories Garnier 等。欧莱雅将逐步走近中国消费者，更多的产品将扎根于中国市场，不仅包括大众化化妆品，也包括高档化妆品。

2. 在中国市场的广告策略

广告策略是欧莱雅进军中国市场的又一个重要手段。欧莱雅对于不同的产品采用不同的广告策略，根据不同的目标顾客采取了行之有效的促销方法。

对同一产品，欧莱雅拥有多个广告版本，这一策略的关键在于产品推广市场的需求与广告传播概念的吻合。这里有两个实例，其一是美宝莲，它以大众消费者为目标顾客。欧莱雅将美宝莲定位为一个大众化的品牌，每一个中国妇女都应该拥有一个美宝莲的产品。中国消费者把美宝莲当作时尚的代表，所以欧莱雅在大陆投放的是以美国影星为模特的国际版广告。

另一个例子是染发产品。最初，中国顾客很难接受染发的观念，认为染发并不适合中国人。欧莱雅为了帮助中国消费者了解染发产品，邀请了某中国明星作为广告模特。因为她拥有标准的东方人的头发。通过拍摄的广告，欧莱雅想让越来越多的人知道，模特是中国人，她通过染发使自己更美丽，所以染发不再是中国人不能接受的。

3. 在中国市场的销售策略

（1）广泛的销售区域

欧莱雅的产品遍布整个中国，在立足于大城市的同时，欧莱雅越来越注重深入中小城市的销售。

近年来，欧莱雅的覆盖区域日益增多。早在 1997 年，当欧莱雅第一次出现在中国市场时，它的产品主要集中在大城市周边，而如今更多的销售增长则来自零碎的市场，因为这些市场里的消费者的购买力正在与日俱增。

（2）独特的销售渠道

面对不同的顾客，欧莱雅为其产品设计并建立了最佳的销售渠道。

① 专业美发品：美发产品部是这一领域的领导者，它向专业发型师或通过美发沙龙单一渠道直接向消费者提供一系列美发产品。

② 大众化妆品：大众化妆品部通过集中的市场分销和媒体广告，使欧莱雅的产品进入了普通消费者的生活中。

③ 高档化妆品：香水和美容品部有选择地通过香水专卖店、百货商店和旅游商店向顾客提供各类高档品牌。

④ 特殊化妆品：特殊化妆品部通过指定药房及其他专门渠道销售皮肤护理产品。

4. 在中国市场的包装定价策略

为了更好地服务于中国顾客，更好地参与竞争，欧莱雅注重产品对中国消费者的适应程度，并致力于以下几方面的努力。

1）与苏州医学院（现为苏州大学医学院）联合成立了化妆品研究中心。通过设立研究项目帮助欧莱雅了解中国消费者的特点，以生产出专门适用于他们的产品。与此同时，充分掌握当地消费者的需求，能促使欧莱雅及时调整产品以适应不断变化的中国市场。

2）由当地的市场部门全面负责产品的包装和标签。对当地消费者而言，这保证了产品外观的方便实用，区域化外包装对中国顾客更具吸引力。

3）由当地市场部门决定产品的价格。尽管销售以赢利为目标，但是灵活的价格体系更有利于欧莱雅在中国开拓新市场，对不同层次的市场采取不同的营销策略。

4）产品的价差幅度由总部控制。这既避免了内部竞争，也保证了售价在全球市场和当地市场的平衡。

5. 在中国市场的组织策略

欧莱雅拥有500多个不同品牌，在100多个国家内成立品牌分部。在竞争激烈的市场中，欧莱雅不但要充分利用整体竞争优势，还要兼顾不同品牌的相对独立。为了解决这个矛盾，欧莱雅首先在中国试用矩阵式组织结构，如果成功还将向全世界推行。在新的矩阵式组织结构中，根据不同的产品种类，欧莱雅规定了不同的部门相应的责权。因为当地的组织者直接与消费者建立联系，因此，这种组织结构可以更迅速有效地迎接竞争者或潜在竞争者的挑战。

作为一个新兴市场，中国吸引了欧莱雅高层管理人员的注意。1997 年，欧莱雅在被视为中国商业中心和亚太地区供应中心地的上海成立了欧莱雅中国公司。最初，欧莱雅总部向中国派驻了三位管理人员，分别负责制造、财务和全面管理。为了加强与当地员工的沟通，欧莱雅任命了一名中国人为人力资源主管，任命三名在大众化妆品市场有资深经验的法国人分别出任欧莱雅、薇姿、美宝莲和兰蔻的品牌经理。中层管理人员大多是具有诸如化妆品、日用消费品等类似跨国企业工作经验的当地人。近些年来，在完成组织结构设置后，欧莱雅不断发掘校园人才，并向他们提供各种各样的职业发展锻炼。

# 任务 2.4 消费心理

## 学习目标

### 知识

1．了解顾客消费心理的活动过程。
2．理解顾客满意度的含义。
3．理解顾客忠诚度的含义。
4．理解需要（动机）的含义。
5．掌握顾客消费心理的种类。
6．掌握顾客的个性化消费心理。

### 能力

1．掌握培养顾客满意度与忠诚度的方法与技巧。
2．能分析顾客的消费心理。
3．针对顾客的个性化消费心理提供针对性服务。

### 情感、态度、价值观

1．认识顾客心理，尊重顾客意愿，为顾客提供满意的服务。
2．增强服务意识，培养灵活应变的能力。

### 2.4.1 顾客消费心理

1. 顾客的相关概念

（1）顾客的定义

在《辞海》和《现代汉语词典》中，顾客的“顾”是拜访、光顾的意思，“客”是指来宾、客人，还有以客礼相待的意思。

“顾客”一词是指商店或服务行业前来购买东西的人或要求服务的对象，包括组织和个人。因此，凡是已经来购买和可能来购买产品或服务的单位和个人都可以算是顾客。顾客是指所有享受服务的人或机构，也指把自己需求带给企业的人。

顾客原指购买物品商品的人，现解释为消费者。国际标准化组织（International Organization for Standardization，ISO）将顾客定义为接受产品的组织或个人。

（2）顾客的分类

1）按接受产品的所有者情况分为外部顾客和内部顾客两类。

外部顾客：组织外部接受产品或服务的组织和个人，如消费者、委托人、零售商和最终使用者等，包括最终消费者、使用者、受益者或采购方。外部顾客分为忠诚顾客、游离顾客、潜在顾客等。

内部顾客：组织内部的依次接受产品或服务的部门和人员。可以是产品生产流水线上的下道工序的操作者，也可以是产品或服务形成过程中下游过程的部门，或者是帮助顾客使用产品或服务的代理人，包括股东、经营者、员工。另外，根据“接受产品的组织或个人”这一定义，在一道生产线中，接收上道工序的产品的下一道工序可理解为上一道工序的顾客。

2）按接受产品的顺序情况分为过去顾客、目标顾客和潜在顾客三类。

过去顾客：已接受过组织的产品的顾客。

目标顾客：正在接受组织的产品的顾客。

潜在顾客：可能接受组织的产品的顾客。

（3）顾客满意度

1）顾客满意度的含义。

所谓顾客满意度，是指顾客对某一事项已满足其需求和期望的程度的意见，也是顾客在消费后感受到满足的一种心理体验。

在接受产品或服务时，如果效果低于期望，顾客就会不满意；如果可感知效果与期望相匹配，顾客就会满意；如果可感知效果超过期望，顾客就会高度满意、高兴或欣喜。

2）顾客满意的层次。

顾客满意包括产品满意、服务满意和社会满意三个层次。

产品满意是指企业产品带给顾客的满足状态，包括产品的内在质量、价格、设计、包装、时效等方面的满意。产品的质量满意是构成顾客满意的基础因素。

服务满意是指产品售前、售中、售后及产品生命周期的不同阶段采取的服务措施令顾客满意。这主要是在服务过程的每一个环节上都能设身处地地为顾客着想，做到有利于顾客、方便顾客。

社会满意是指顾客在对企业产品和服务的消费过程中所体验到的对社会利益的维护，主要指顾客整体社会满意，它要求企业的经营活动要有利于社会文明进步。

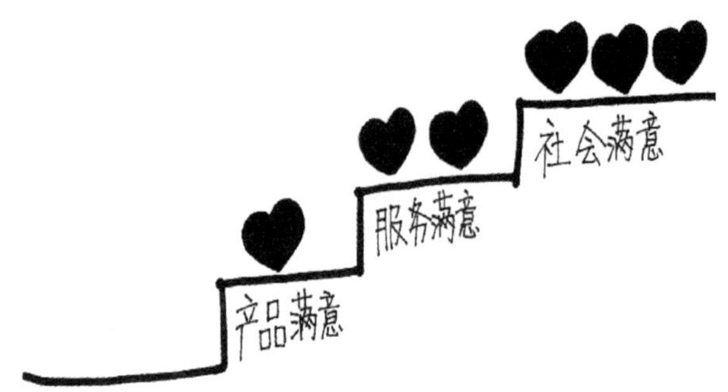


3）提高顾客满意度的方法。

① 持亲切的态度，及时对顾客的问题做出回应。任何顾客都不喜欢受人冷遇，对顾客亲切热情会增加顾客的消费信心，亲和力强的人有人缘也正是因为这个道理。在与顾客接触过程中，要始终保持热情和亲切，对顾客提出的问题应及时解答或回应，让顾客感觉很受重视，这会增加顾客对自己的产品及服务的好感。

② 真诚的赞美。对顾客的赞美一定要看准时机，同时要真诚。敷衍而不切实际的赞美只会令顾客反感。例如，某位顾客开朗健谈，自己可以说："您的性格真好，您身边的朋友一定很开心，听您说话会增长不少见识，与您聊天也很轻松。"

③ 降低期望值，提升满意度。当产品有瑕疵时，不要刻意隐瞒。顾客知道产品不完美时，会降低期望值，在产品与服务相同的前提下，期望值与满意度成反比。当然，降低期望值，不是夸大产品或服务存在的问题，而是要把握好"度"。

④ 及时道歉和做出补偿，将错误转化为机会。由于顾客需求的差异性，当企业尽力做好每个环节时，可能仍会出现令顾客不满意的地方。当顾客不满意时，企业可以及时道歉和做出补偿，将错误转化为营销的机会。

（4）顾客忠诚度

1）顾客忠诚度的含义。

顾客忠诚度是指顾客忠诚的程度，是一个量化概念。顾客忠诚度是指由于质量、价格、服务等诸多因素的影响，使顾客对某一企业的产品或服务产生感情，形成偏爱并长期重复购买该企业产品或服务的程度。

顾客忠诚度是一种行为，而顾客满意度只是一种态度。根据统计，当企业挽留顾客的比率增加5%时，获利便可提升25%～100%。许多学者更是直接表示，忠诚的顾客将是企业竞争优势的主要来源。由此可见，保留忠诚度的顾客对企业经营者来说，是相当重要的任务。

2）顾客忠诚度的衡量指标。

顾客忠诚度是顾客忠诚的量化指数，一般可运用三个主要指标来衡量顾客忠诚度，这三个指标如下。

① 整体的顾客满意度（可分为很满意、比较满意、满意、不满意、很不满意）。

② 重复购买的概率（可分为70%以上、30%～70%、30%以下）。

③ 推荐给他人的可能性（很大可能、有可能、不可能）。

3）培养顾客忠诚度的方法。

80/20 法则指出企业的 80%的利润来自 20%的忠诚客户。专家研究表明，企业从 10%最重要的客户那里获得的利润往往比从 10%次要的客户那里获得的利润多 5～10 倍；忠诚的顾客每增加 5%，企业的利润就可以增加 25%～80%。一个不满意的客户会影响 25 个以上客户；一个投诉的客户后面有 10 个以上虽不满意却不投诉的客户；一个人的关系人脉约为 250 人。另外，吸引到一个新客户而花费的成本比巩固一个老客户要多 3～5 倍。

**案例**

16 号发型师

在同一家店里，我剪头时的发型师是 10 号，结果没到一个月，我的头发就有些乱了，所以这次我一定不会找他；本来上次想找一直做得不错且能让我满意的 5 号发型师，可惜她没时间；后来，我只好让一个仅有的没顾客的发型师 16 号帮我剪发，刚剪完的效果我很满意。而且过了一个多月后，我仍然觉得发型比较满意。发型师如果只想让到客户在剪完头发时感觉良好，而没有想到客户的发型在几天、一个月、几个月后的效果，这样的发型师一定不受欢迎。而 16 号发型师不仅让我当时感觉满意。而且在过了一个多月之后也让我满意，毫无疑问，我树立了极强的顾客忠诚度，以后都会优先找他，也会推荐朋友找他。

16 号发型师的用心和专业，持续给了我满意感，赢得了我的忠诚度，也帮助美发店赢得了顾客忠诚度。

裙　　子

去年和今年参加重要活动时，我都穿过一条蓝色的系蝴蝶结的裙子，每次都会获得朋友的好评，也都会问我是不是新裙子。这条裙子都买了好几年了，但每一次穿都会给人很新、很不错的感觉。这是在××店买的第一条裙子，自从赢得众多的赞扬之后，我就更喜欢去这家店里淘裙子了，也会带朋友去。今年新买的几条裙子都是该店的，非常有质感，既有职业感，穿着也很舒服，出镜率超高，清洗、存放和穿着都非常方便。有这么多的优点当然会赢得我的忠诚度。相信，今后该店都是我购买职业裙子的首选之一。

良好的产品质量和不过时的款式是该店突出的优势，也赢得了我的忠诚度，我将带领更多朋友考虑这个牌子的裙子。

打造顾客忠诚度需要用心的服务、过硬的质量、不过时的款式及引起顾客情感的共鸣。

2. 顾客的消费心理

由于人的购买行为是受一定的购买动机或者多种购买动机支配的。研究这些动机，就是研究购买行为的原因，掌握了购买动机，就好比掌握了扩大销售的钥匙。归纳起来，顾客的消费心理（动机）主要有以下 11 种。

（1）求实心理

这是顾客普遍存在的心理动机，他们在购物时首先要求商品必须具备实际的使用价值，讲究实用。有这种动机的顾客，在选购商品时，特别重视商品的质量效用，追求朴实大方、经久耐用，而不过分强调外形的新颖、美观、色调、线条及商品的“个性”特点。

（2）求美心理

“爱美之心，人皆有之。”有求美心理的人，喜欢追求商品的欣赏价值和艺术价值，以中青年妇女和文艺界人士居多，在经济发达国家的顾客中也较为普遍。他们在挑选商品时，特别注重商品本身的造型美、色彩美，注重商品对人体的美化作用、对环境的装饰作用，以便达到艺术欣赏和精神享受的目的。

（3）求新心理

有的顾客购买物品注重“时髦”和“奇特”，赶“潮流”。在经济条件较好的城市中的年轻男女中较为多见，在西方国家的一些顾客身上也常见。

（4）求利心理

这是一种“少花钱多办事”的心理动机，其核心是“廉价”。有求利心理的顾客，在选购商品时，往往要对同类商品之间的价格差异进行仔细的比较，还喜欢选购打折或处理的商品，具有这种心理动机的人以经济收入较低者为多。当然，也有经济收入较高而勤俭节约的人精打细算，购买东西时尽量少花钱。有些希望从购买商品中得到较多利益的顾客，对商品的花色、质量很满意，爱不释手，但由于价格较贵，一时无法决定购买，便讨价还价。

（5）求名心理

这是以一种显示自己的地位和威望为主要目的的购买心理。他们多选购名牌，以此来“炫耀自己”。具有这种心理的人普遍存在于社会的各阶层，尤其是在现代社会中，由于名牌效应的影响，衣食住行选用名牌，不仅提高了生活质量，更是一个人社会地位的体现。

（6）仿效心理

这是一种从众式的购买动机，其核心是“不落后”或“胜过他人”，他们对社会风气和周围环境非常敏感，总想赶“潮流”。有这种心理的顾客，购买某种商品时，往往不是由于急切的需要，而是为了赶上他人、超过他人，借以求得心理上的满足。

（7）偏好心理

这是一种以满足个人特殊爱好和情趣为目的的购买心理。有偏好心理动机的人喜欢购买某一类型的商品。例如，有的人爱养花，有的人爱集邮，有的人爱摄影，有的人爱字画，等等。这种偏好性往往同某种专业、知识、生活情趣等有关。因而偏好性购买心理动机也往往比较理智，指向性也比较明确，具有经常性和持续性的特点。

（8）自尊心理

有这种心理的顾客，在购物时，既追求商品的使用价值，又追求精神方面的高雅。他们在购买之前，就希望他的购买行为受到销售人员的欢迎和热情友好的接待。经常有这样的情况：有的顾客满怀希望地去商店购物，一看见销售人员的脸冷若冰霜，就转身到别的商店去购物。

（9）疑虑心理

这是一种瞻前顾后的购物心理动机，其核心是怕“吃亏上当”。他们在购物的过程中对商品的质量、性能、功效持怀疑态度，怕有质量问题、上当受骗。因此，他们会反复向销售人员询问，仔细地检查商品，并非常关心售后服务工作，直到心中的疑虑解除后，才肯掏钱购买。

（10）安全心理

有这种心理的人对欲购的物品要求必须能确保安全，尤其像食品、药品、洗涤用品、卫生用品、电器用品和交通工具等，不能出现任何问题。因此，他们非常重视食品的保鲜期，药品有无副作用，洗涤用品有无化学反应，电器用品有无漏电现象等。在销售人员解说、保证后，他们才能放心地购买。

（11）隐秘心理

有这种心理的人在购物时不愿为他人所知，常常采取“秘密行动”。他们一旦选中某件商品，而周围无旁人观看时，便迅速成交。例如，一些知名度很高的名人在购买高档商品时也有类似情况。

### 3. 顾客消费心理的活动过程

顾客消费心理学是研究消费者心理活动产生发展及其变化规律的科学。了解顾客消费心理的目的在于探索和揭露顾客的心理活动和消费行为产生的规律，通过描述、解释、预测和控制顾客的心理和行为，为美容美发产品的赢利营销活动服务。顾客的消费心理过程可以细分为顾客的认识过程、情绪情感过程和意志过程。

（1）顾客消费心理活动的认识过程

顾客对美容美发产品的认识过程又称认知过程，是指顾客以第一印象面对美容美发产品及其服务的认识过程，或指顾客对美容美发产品及其服务进行初次处理的心理过程。具体到美容美发产品销售而言，是指顾客对美容美发产品及其服务由表及里，由现象到本质地反映客观事物的特性与内在联系的最基本的心理活动。认识过程包括感觉、知觉、联想、思维等。

1）关于认识过程。

心理学认为，人的认识过程是一个非常复杂的过程，指人认识客观事物的过程，即对信息进行加工处理的过程。它由人的感觉、知觉、记忆、思维和想象等认知要素组成。认知过程主要是关于“是什么”的认识。

2）顾客消费心理活动的认识过程。

顾客对美容美发产品的认识是顾客产生消费意愿的前提。顾客如对美容美发产品一无所知，就不会有进一步的购买欲望和消费行为。顾客只有在对美容美发产品及其服务有所了解的基础上，通过他人描述或亲自感受、体验，对美容美发产品的功效作用等进行思维加工，进而产生与自己有关的联想，来实现对美容美发产品的认识。

① 顾客对美容美发产品的感觉。人类认识世界的起点始于感觉。感觉是人们对客观事物的个别属性（如物体的颜色、形状、声音等）进行直接反映的过程。顾客一开始接触任何一款美容美发产品，就会对产品的外观有直接的反映，能够充分调动自己的感觉器官，通过观察，调动嗅觉及触觉等对所接触的产品进行判定。顾客的这种通过外部感觉器官捕获的信息占其所获信息的80%～90%。因此，营销人员在推荐产品时要熟知产品外观、质地及性能，在向顾客推荐产品时善于扬长避短，并充分考虑顾客的感受，力求让顾客达到视听感觉、色彩观赏、触觉感知等的完美有效的统一，以求在感觉环节给顾客留下深刻印象，使营销活动迈出顺利的一步。

② 顾客对美容美发产品的知觉。知觉是人脑对直接作用于感官的客观事物整体的综合反映，是较为复杂的心理现象，是大脑对不同感觉信息进行综合加工的结果。知觉以感觉为前提，但它不是感觉的简单的集合，而是在综合多种感觉的基础上形成的整体印象。例如，顾客在观看了美容美发产品的外观、颜色，了解了产品的气味，身体发肤接触到产品获得直观体验后，会通过大脑的加工对产品进行判定，得出一些评价。例如，产品是保养型还是功效型，用后感觉如何，有无禁忌，适合哪些发质或哪种类型的肤质等。

③ 顾客对美容美发产品的思维及联想。思维是人脑对客观现实的概括和间接的反映，反映的是事物的本质和事物间规律性的联系。联想是客观事物的一般属性和内在联系在人们头脑中概括的间接的反映过程，所反映的是事物的本质特征和一般规律。

在对美容美发产品的感知觉基础上，顾客会对产品产生丰富的联想并进行思维加工，对美容美发产品及其服务得出一般结论：美容美发产品对维护皮肤、发质有一定功效，能延缓皮肤的衰老，防止发质受损或对受损发质有修复作用。选择适合自己肤质或发质的产品，再辅以美容美发师的按摩保养手段，能达到事半功倍的效果。在思维联想的基础上，如果顾客对自己皮肤或发质的现状不满，且改善的念头较为强烈，就更容易产生消费欲望。

3）认识过程在顾客消费环节中的重要性。

顾客在购买美容美发店产品时，依据其消费心理发展规律，一般有如下的流程：产品浏览阶段——产生购买欲望阶段——联想阶段——希望拥有阶段——比较评价阶段——树立信心阶段——采取购买行动阶段——购买产品阶段。从顾客接触美容美发产品的感知觉开始，一直到产生思维及联想的过程，就是顾客购买产品流程中的产品浏览——产生购买欲望——联想阶段。由此不难看出，顾客浏览产品及对产品的第一印象，决定着他（她）是否产生消费欲望，影响着其消费欲望的强烈度。如果对产品印象良好，加之营销人员适度的介绍，顾客通过思维及联想会产生强烈的消费欲望。没有消费欲望，后续的消费历程就无从谈起。因此，美容美发营销人员应从与顾客见面时刻起，就应凭借产品的优势及推销的技巧给顾客留下深刻的印象，通过推荐让顾客产生购买欲望，进而步入情绪情感心理历程。

顾客对美容美发产品的认识过程是情绪情感和意志产生的基础，没有认识活动，顾客就不会因美容美发产品及其服务而产生消费的喜、怒、哀、乐的情绪情感体验，也不可能有自觉的强烈的抗拒或认同的意志。

（2）顾客消费心理活动的情绪情感过程

顾客在消费过程中对接触到的美容美发产品及其服务会产生喜、怒、哀、乐等的情绪情感，正向的情绪情感体验能推动顾客强化消费欲望，进而产生消费行为。情绪情感过程主要是关于对产品的“应如何”的问题。

1）关于情绪情感过程。

心理学认为，情绪情感是人对于客观事物是否符合人的需要而产生的态度的体验。在生活中，凡是符合人们的需求，引起其情感共鸣的事物都能给人们带来愉快、高兴、满足等正向积极的情绪情感体验，也更能为人们所接受和认同；而不符合人们需求，在情感上无法接纳的事物则给人们带来不快、厌烦、抗拒等负向消极的情绪情感体验，是不被接纳和认同的。因此，在美容美发产品营销过程中，营销人员应通过对产品的推荐，努力让顾客获得满足，让顾客产生惊喜，使顾客在积极的情绪情感体验中强化消费欲望，自觉产生消费行为。

2）顾客消费心理活动的情绪情感过程。

顾客在认识美容美发产品基础上，对美容美发产品及其服务会产生相应的情绪情感体验。顾客在消费历程中对产品产生的情绪情感有正向和负向之分，有积极和消极之别。正向积极的情绪情感就是对产品及其服务的认同，产生情绪情感上的愉悦感，能增强顾客的消费欲望和消费信心。当顾客对美容美发店的客观事物及店员的服务达到自身所期望的享受和精神上的消费需求后，就会产生积极的主观体验，会增强消费欲望和消费信心，反之则消退消费欲望，失去消费信心。因此，美容美发店的一些细节和小事也能给顾客带来积极与消极影响。在营销过程中，营销人员应有换位思考的意识，面对推荐的产品，在美容美发店的环境中，运用既定的营销技巧，采用设计好的推销语言能给顾客带来正向积极的情绪情感体验。

**案例**

免费礼品试用装

一位欲到超市购物的中年女士在超市门口遇到某美容店营销人员，该工作人员声称因新店开张搞活动，凡到店的顾客皆可免费获得礼品试用装。该女士抱着好奇的心态进入店内，得到店长及美容师的热情接待。随之，女士在填写基本信息后被带到VIP室，被告之进行皮肤测试，在得知测试只需几分钟后，该女士被要求躺在美容床上，美容师拿出袋装洗面奶、按摩膏和面霜，要为女士做一个快速的皮肤护理。女士此时才知道所谓的获赠是用赠送的产品进行一次洁面，于是提出不愿意在此护肤，希望能将赠送的物品带回家，遭到拒绝后生气地离开了。

3）情绪情感过程在顾客消费环节中的重要性。

在顾客的消费流程中，情绪情感过程对应的是“希望拥有阶段——比较评价阶段——树立信心阶段”。顾客如对美容美发产品有好感，对美容美发店提供的服务有好评，对美容美发店的环境感到满意，就会滋生愉悦感和满足感。这种积极正向的情感会增强客人的消费欲望，提升客人对消费美容美发产品及其服务的信心，那样，顾客就产生了消费行为。

认识过程与情绪情感过程是相互作用、相互影响的，认识过程是产生情绪情感体验的前提，情绪情感体验是对认识过程的升华；认识过程决定着情绪情感过程，情绪情感过程又反作用于认识过程。没有顾客对美容美发产品及其服务的认识过程，就谈不上有情绪情感的出现，情绪情感的正向与否又反过来决定着顾客对产品的态度——认同或抗拒。

（3）顾客消费心理活动的意志过程

在对美容美发产品认识及情感认同的基础上，顾客会自觉确定消费目标，克服内部和外部困难来接纳产品，对产品接纳的过程就是顾客消费心理的意志过程。意志过程是顾客自身的意识能动性的体验，即顾客不仅能认识客观事物，而且还能根据美容美发店的指引对产品进行客观及其规律的认识，而自觉地改变其消费行为。意志主要是关于“怎么办”的认识。

1）关于意志过程。

心理学认为，意志过程是人在自己的活动中设置一定的目标，按计划不断地克服内部和外部困难并力求实现目标的心理过程。意志过程是人的意识能动性的体现，即人不仅能认识客观事物，而且还能根据对客观事物及其规律的认识自觉地改造世界。

2）顾客消费心理活动的意志过程。

对美容美发产品及其服务的意志过程，就是指顾客确定了一定的消费目标，按内心的愿望克服其他干扰因素，购买产品或接受服务，从而产生消费的行为。顾客在对美容美发产品及其服务认识、情感接受的基础上，决定实施消费行为，但这种消费行为并不是一帆风顺的，顾客会承担一定的风险，即能否达到期望目标，是否会步入消费陷阱，是否物有所值，亲朋好友是否赞同等因素会对其产生一定的干扰，这个时候，需要顾客动用意志力克服困扰，实现既定的消费目标，从而实施消费行为。

3）意志过程在顾客消费环节中的重要性。

顾客的意志过程在顾客的消费环节中起着决定性的作用，它是顾客克服重重困难、坚持

己见、实现消费行为的保障。顾客在认识美容美发产品及其服务的基础上，产生情绪情感的正向积极体验，形成强烈的购买欲望，并对消费充满信心，此后，顾客就会采取措施实施消费行为。在认识产品进而认同产品的基础上，顾客会打消其他顾虑，能抗拒同伴或家人的反对意见，采取果断的措施购买产品或实施消费行为。

在顾客的消费流程里，意志过程对应的是“采取购买行动阶段——购买产品阶段”。这是消费流程的最后环节，也是最关键的环节，它决定着营销的目的能否实现。没有意志过程，产品及服务的出售就不会实现。

顾客的认识过程、情绪情感过程、意志过程统称为顾客的消费心理过程。三个过程在顾客的心理活动中并不是单独存在的，而是互相关联、相互作用的统一产生的消费心理活动过程。顾客的认识过程是人的情绪情感和意志产生的基础，没有顾客的认识活动，顾客就不会因美发店而产生消费和喜、怒、哀、乐的情绪情感，也不可能有自觉的强烈的抗拒或认同的意志。情绪情感和意志又反作用于认识过程，没有顾客对美发店情绪情感的推动或者缺乏认同的强烈的意向，顾客的消费活动也不可能发展。可见，顾客的认识过程和意志过程中总是伴随着一定的情绪情感活动，意志过程又总是伴随着以一定的认识过程为前提，而顾客的情绪情感与意志活动又促进了顾客的消费认识和发展。

### 2.4.2　个性化消费心理服务

#### 1. 关于个性心理特征

心理学认为，人在认识客观事物和改造客观事物的过程中，不仅有认识、情绪情感、意志等各种心理过程，还会表现出每个人心理活动的独特性，这便是人的心理特点。

人的所有不同的心理特点就构成了人们心理上的差异。人们在日常生活中形成的那些稳固而经常出现的心理特点，就叫个性心理特征。个性心理特征包括能力、气质和性格，其中以性格为核心。这些心理特征反映出一个人的基本精神面貌和意识倾向，并体现出个人心理活动的独特性。

#### 2. 常见顾客类型与个性化服务

（1）按需求分

1）求便利型顾客：求便利型顾客较注重服务场所和服务方式的便利，会就近选择一些门店或者到交通便利的地方进行消费。这种类型的顾客大都希望在消费时能方便、快捷，同时又不影响质量。因此，美容美发营销人员只要能提供便利、快捷、高效、质量上乘的服务，就能让他们感到非常满意。

2）求廉型顾客：求廉型顾客一般具有“精打细算”的节俭心理，十分注重消费价格的低廉。这种类型的顾客善于在比较推测中挑选自己满意的门店，对质量不过分苛求，只要求达到“物有所值”即可。这种类型的顾客在来店前已经有“货比三家”的经历，因此，要求美容美发营销人员在允许的范畴内可给予顾客一定的优惠，报价不能虚高，不能夸大产品及服务的功效。

3）享受型顾客：享受型顾客多注重物质生活的享受，对门店的环境、服务质量要求很高，对价格不太关心。因此，只要让这类顾客体验到全面优质的服务即可。

4）求新型顾客：求新型顾客热衷于关注新产品的动向。这类顾客以青年人为主，他们追求产品的新颖、别致，不过分计较价格的高低。对这类顾客，一旦有新产品及服务项目出现，应在第一时间告知客人，积极进行新产品的推荐。

5）习惯型顾客：习惯型顾客往往会习惯性地到某一家门店，执着于某一品牌的产品，这就是长期顾客。对待这样的顾客，服务一定要到位，不能敷衍了事，不要让他们感到失望，否则，将会失去这一个比较稳定的客源。

（2）按年龄分

1）老年顾客：老年顾客具有一个非常明显的特点，即对新鲜事物接受能力差，喜欢购买用惯的东西。在挑选产品时，老年顾客动作缓慢，精挑细选，问题比其他年龄段的人都多，总希望买到质量好、价格低廉、使用方便、结实耐用、售后服务有保障的产品。在为老年顾客提供服务时，一定要充满耐心，服务的过程中应始终热情、周到，注重征询顾客意见，收取反馈意见，及时调整服务方法。为老年顾客提供的产品品质要有保障。

2）中年顾客：多属于理智型顾客，比较自信，对消费场所、方式等具有完整的观念体系。对多数产品本着经济实用的原则进行购买，喜欢购买被证明实用价值高的优秀产品，尤其热衷于能够改善家庭生活条件、节约家务劳动时间、既经济又实惠的产品。中年顾客比较精明，报价虚高、夸大功效等容易引起顾客的反感，故应注意语言的适度，保证产品及服务的质量。

3）青年顾客：这类顾客在购买产品的时候追求新鲜刺激，看到喜欢的东西很多时候就会凭热情购买。他们追求名牌、生活质量，奉行及时享乐的生活方式，对流行的、前卫的、个性的、新鲜的事物抵抗能力极弱。针对青年顾客，积极推荐新产品，让其体验新的服务项目，服务过程中注意推陈出新，以吸引顾客的注意力。

（3）按性别分

1）男性顾客：男性顾客在购买产品时往往目标明确，理智且自信。不喜欢店员过分介绍，喜欢速战速决，对产品实用性的注重远高于价格、品牌及装饰性等其他因素。为男性顾客服务时，介绍产品时应强调其价值而非价格，注重服务的高质量、高标准。遇有女性陪伴的男性顾客时，店员可以女伴为切入点来完成与男性顾客的交易。

2）女性顾客：较男性顾客而言，女性顾客则显得不那么理智，购买动机具有冲动性和灵活性，同时购买心理也不稳定，易受到情绪和外界因素影响。女性顾客在挑选产品时会权衡产品外观、质量和价格，挑选十分细致。女性顾客在挑选产品拿不定主意时，店员可提供建议供其参考，也可就销售业绩或其他顾客使用后的功效帮助其下定决心。另外，赞美对多数女性顾客而言是屡试不爽的“绝招”，因而可以适当地使用赞美语言。

（4）按客人个性特点分

1）拖延型顾客。

拖延型顾客的心理特点：遇事不果断，犹豫不决，对是否消费或如何消费迟迟不表态，或顾左右而言他，回避消费话题。

针对拖延型顾客的心理特点，美容美发店营销人员应主动用专业知识和技能帮助客人做出决定，在帮客人做决定时最好采用2选1法。例如，一位拖延型顾客在是否烫发或焗油间举棋不定，营销员就可以建议她："那你先焗油吧，做A疗程还是B疗程，焗100元的还是70元的。"不给对方找借口的余地。

2）沉默型顾客。

沉默型顾客的心理特点：这类型客人不喜言谈，情感不外露，有主见，一旦决定的事就不轻易改变。

对待沉默型顾客，营销员应主动询问，多向客人提建议，诱导客人消费。对沉默型客人需要注意的是，如果客人开口表达意见，一定要重视和采纳，尊重客人的消费意向，否则会适得其反。向客人介绍产品及其功能时不要夸夸其谈，应引导客人做出抉择，引导客人消费，让客人喜欢自己，从而成为常客。

3）社交型顾客。

社交型顾客的心理特点：喜欢交谈，见多识广，在与他人交谈中乐意占上风，成为谈话的焦点和中心，不喜欢自己的意见被忽视。

针对这类型顾客，营销员要善于聆听，分析客人的讲话哪些是重点，哪些是无关紧要的，然后抓住客人的重点，针对谈话重点剖解其心思，让顾客跟着自己的思维走，引导其消费。

4）掌控型顾客。

掌控型客人的心理特点：支配欲强烈，比较强势，在单位或家里有一定地位，也有一定的经济实力，处于说一不二的地位，行为处事占主动地位。

掌控型顾客也是有消费能力的人，这种人喜欢指挥别人，不愿听别人指挥。但要别人特别尊重他、赞美他，满足他的领导欲望。因此，自己应理顺他的心情，使其可以静下心来听自己说话，然后自己用专家的形象话语引导他的心理，让他感觉自己的品位、地位、身份都与众不同，再引导他去消费。

5）抱怨型顾客。

抱怨型顾客的心理特点：这种类型的客人在生活中可能受到过不公正的待遇，导致心态不平衡，看什么事都不顺眼，对他人或事物持批评态度，一味怨天尤人。

对待这种顾客应笑而不答，等他发泄完毕后再做适当解释，但不能给客人自己在辩护的感觉，否则会引发他的不满情绪，而是巧妙地用归谬法让客人意识到自身的问题。但不能有看不起客人的表现及行为，因为客人对此十分敏感。

6）好人型顾客。

好人型顾客的心理特点：为人比较随和，待人接物一点都不计较，原则性不强，容易相处，也能接受他人的意见。

对待这类型顾客应直接切入主题，该怎么做就怎么做，但服务要好，因为这种客人很少，所以要特别把握好。尽量为他做到最好，但不可以太过分，要与客人建立良好稳定的关系。

7）折扣型顾客。

折扣型顾客的心理特点：很精明，善于打"小算盘"，凡事都希望得到比他人更多的优惠。

对待这种客人应给他一点小惠、好处，但不可以给太多优惠，否则他会要求得越来越多。例如，可以送他一些质量好却又买不到的东西。

### 3. 需要及层次需要理论

（1）关于需要

需要是指个体对内外环境的客观需求在脑中的反映。它常以一种“缺乏感”被个体所体验着，以意向、愿望的形式表现出来，最终导致为推动人进行活动的动机。需要总是指向某种东西、条件或活动的结果等，具有周期性，并随着满足需要的具体内容和方式的改变而不断变化和发展。

（2）马斯洛的层次需要理论

层次需要理论是由美国心理学家马斯洛提出的。人的需要包括不同的层次，而且这些需要都是由低层次向高层次发展的。层次越低的需要强度越大，因而人们会优先满足较低层次的需要，再依次满足较高层次的需要。马斯洛把需要分为五个层次，即生理需要、安全需要、归属与爱的需要、尊重需要和自我实现需要。

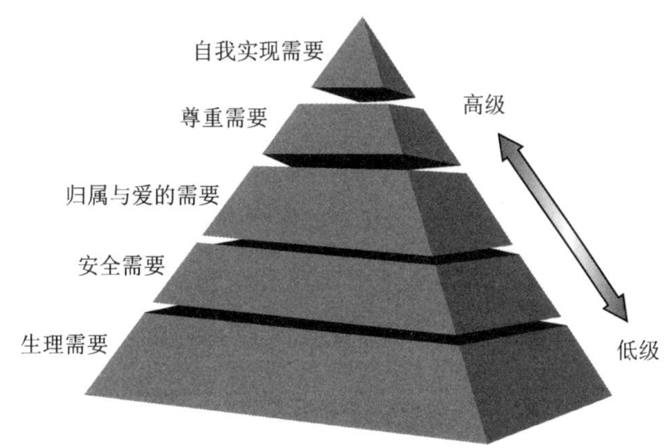


各层次之间的关系如下。

1）人的需要从低到高有一定层次性，但不是绝对固定的。

2）需要的满足过程是逐级上升的。当较低级需要被满足后，就会向高层次发展。这七个层次的需要不可能被完全满足，层次越高，越难满足，满足的百分比越少。

3）人的行为是由优势需要决定的。同一时期内，个体可存在多种需要但只有一种占支配地位。优势需要是在不断变动的。

4）各层次需要互相依赖、彼此重叠。较高层次需要发展后，低层次的需要依然存在，只是对人行为影响的比例降低了。

5）不同层次需要的发展与个体年龄增长相适应，也与社会的经济与文化教育程度有关。

6）高级需要的满足比低级需要满足的愿望更强烈，同时，高级需要的满足比低级需要的满足要求更多的前提条件和外部条件。

7）人的需要满足程度与健康成正比。在其他因素不变的情况下，任何需要的真正满足都有助于健康发展。

马斯洛认为，需要的产生由低级向高级的发展是波浪式地推进的，在低一级需要没有被完全满足时，高一级的需要就产生了；而当低一级需要的高峰过去但没有完全消失时，高一级的需要就逐步增强，直到占绝对优势。

## 项 目 回 顾

市场营销是现代企业管理的重要职能之一，是连接企业和市场的桥梁和纽带。在知识经济时代，市场营销在开拓潜在市场、满足市场顾客需要、提高企业核心竞争力等方面，发挥着日益重要的作用。

本项目着重介绍了市场营销的基本知识和基本方法，指导学生掌握营销技能。本项目具有实用性，只针对美容美发产品的市场营销，在营销方法上只选用美容美发产品市场营销常用的方法。

通过学习应对顾客消费心理的活动过程有一定的了解，在此基础上，针对不同顾客的个性心理特征提供个性化服务。顾客的消费行为与购物动机（需要）息息相关，了解需要的含义，明确顾客的消费心理对美容美发产品的营销工作将起到推动作用。

## 思考与练习

### 一、判断题

1. 我生产什么产品，顾客就购买什么产品，这属于生产观念。（　　）
2. 市场营销是企业最核心的一项经营管理活动或经营管理职能，甚至可以说是企业众多的经营管理职能中最显著、最独特、最核心的职能。（　　）
3. 即使在同一个国家，在消费品行业、B2B 行业和服务业，营销方式都是相同的。（　　）
4. 只有顾客才对自己的皮肤、发质有发言权，针对什么性质的肤质和发质，该使用什么专业产品。（　　）
5. 美容、美发师观察顾客的方法有两种，即观察顾客的表情、观察顾客的肢体语言。（　　）
6. 即使有同一需要、同一消费动机，不同类型的消费者会有不同的外在表现。（　　）
7. 顾客情感反映类型分为习惯型、理智型、感情型、冲动型、节约型。（　　）
8. 国际标准化组织将顾客定义为接受产品的组织或个人。（　　）
9. 马斯洛认为，需要的产生由低级向高级的发展是呈螺旋式上升的。（　　）
10. 顾客忠诚度是一个模糊概念，不能进行量化。（　　）
11. 对待沉默型顾客，美容美发店营销人员应帮客人做决定，帮助他们进行选择。（　　）
12. 中年型顾客多属于理智型顾客，比较自信，对消费场所、方式等具有完整的观念体系。（　　）

### 二、选择题

1. 顾客满意包括（　　）等几个层次。

A. 产品满意　　B. 服务满意　　C. 社会满意　　D. 心理满意

2. 对待（　　），美容美发营销人员只要能提供便利、快捷、高效、质量上乘的服务，就能让他们感到满意。

A．求廉型顾客　B．求新型顾客　C．求便利型顾客　D．享受型顾客

3．（　　）是消费流程的最后环节，也是最关键的环节，决定着营销目的能否实现。

A．认识过程　B．情绪过程　C．情感过程　D．意志过程

## 三、思考题

1．简述市场营销的含义。
2．市场营销观念是怎样产生的？
3．营销的功能有哪些？
4．试举例说明如何为不同消费心理的顾客提供服务
5．举例说明如何为不同类型的顾客提供个性化服务。
6．什么是服务营销？服务营销与传统营销有何区别？
7．美容美发企业应如何做好销售工作？
8．试述如何提高顾客的忠诚度。
9．试举例说明如何为不同类型的顾客提供个性化服务。
10．顾客常见的消费心理有哪些？

## 四、案例分析题

世界上最大的化妆品集团欧莱雅公司是由发明第一种现代染发剂的法国化学家舒莱尔于 1907 年创立的。经过近一个世纪对美和科研的执着追求，凭借不断创新、对质量的苛求及迅速的业务扩展，欧莱雅由一个普通的小型企业跃居世界化妆品行业首位。2004 年，最新的世界化妆品公司排行榜再次表明，欧莱雅仍高居榜首。如今，欧莱雅集团的业务遍及世界 150 多个国家，年销售额高达 120 亿美元，在全球共拥有 4300 名员工，500 多个高品质的著名品牌，生产包括美发护发产品、护肤品、彩妆、香水及浴室用品在内的数万种产品。

问题：

1）从市场营销角度分析欧莱雅公司成功的原因。
2）欧莱雅公司采用了什么样的目标市场战略？分析其优缺点。
3）消费者购买化妆品的核心利益是什么？

# 项目3　市场营销实战

## 情境导入

玫琳凯的成功

40 多年前，一位名叫玫琳凯·艾施的普通美国妇女凭借着自己的热情、努力、自信，创办了一个享誉全球、年营业额近百亿美元的大型化妆品跨国公司，创造了一个令世人瞩目的传奇，它就是玫琳凯公司。玫琳凯公司在一向由男性主宰的管理世界里取得了杰出的成就，其创始人玫琳凯被誉为当今世界最成功的女企业家之一。

2010 年 12 月 10 日，由《新营销》杂志、中国营销领袖俱乐部联合主办，被誉为中国营销领域“奥斯卡”的 2010 中国营销领袖年会暨第六届“标杆 20”中国营销大奖颁奖典礼在广州圆满落幕。玫琳凯（中国）化妆品有限公司（以下简称玫琳凯中国）因在世界博览会（以下简称世博会）中的突出影响而荣获 2010 年中国创新营销案例奖，而且无论是在创意表现、传播技术，还是在资源整合上，都具有标志性意义，用极少的投入为企业收获了较高的知名度与美誉度，推动了行业的营销水平。

2010 年 5～10 月，举世瞩目的世博会第一次在中国举办，一些企业以巨额投入获取世博 Logo 的使用权。但玫琳凯中国深知品牌营销不仅仅需要资金的投入，更重要的是用“心”营销才能加深消费者对产品、企业文化和品牌的认同。在进行世博会营销的过程中，玫琳凯中国注重品牌、企业文化与世博会主题的双重吻合，同时发挥直销企业的优势组织独立的销售队伍参与互动，以影响更多人。

玫琳凯中国始终希望自己成为中国与世界各国交流的桥梁与使者，2009 年 12 月至 2010 年 4 月，玫琳凯中国组织参与了“让世界聆听中国的声音——华夏方言征集令”活动，向全国各地的独立销售队伍及员工征集用方言录制的上海世博会祝福语，通过中国之声电台面向全国听众播出。与此同时，将这些祝福在世博会园区滚动播出，让前来参观的各国友人感受中国方言文化的独特魅力，加深他们对中国文化的了解。

上海世博会的价值诉求是“城市，让生活更美好”，而玫琳凯中国与网易合作推出的“城市，因女人而生动——女人的世界”系列报道，不但紧扣“城市”、“世界”，更是与玫琳凯中国“美丽不只一面，心动不止一刻”的女性品牌文化高度契合，而且以各种互动方式吸引众多网友参与，仅征集的“女人梦想”就多达 3000 个。

在上海世博会期间，玫琳凯中国通过各种方式参与世博会，共享世博会精神。6 月 14 日，玫琳凯中国参与赞助世博会“向得克萨斯致敬周”系列活动之得克萨斯时装表演，当晚，一些高档品牌展示了其最新设计，来自美国得克萨斯州的玫琳凯希望向中国消费者展现得克萨斯州的独特时尚。为了参与“美化环境，爱护设施，让世博更精彩”宣传周活动，6 月 26 日、27 日，玫琳凯中国的员工及员工家人共 120 人分别到上海南汇海边和杭州西湖景区开展公益清洁活动，清除海洋及景区垃圾，身体力行地落实“低碳世博”理念。7 月 27 日至 29 日，玫琳凯中国邀请来自中国贫困地区的 40 名小学生在暑假期间到上海参观世博园，参加“春蕾看世界”活动，鼓励他们长大后为社会、为家乡做出力所能及的贡献。

此次评选历时3个多月，来自全国30余家主流媒体及权威专家群以“创新力、营销力、影响力”为评选标准。获得“标杆20”中国营销荣誉大奖的企业和个人覆盖了汽车、金融、快消品、家电、IT、新能源、互联网、家居等行业和领域，可以说他们是中国2010年营销领域最活跃的力量。

【情境思考】

1．你知道多少关于玫琳凯的事？

2．玫琳凯的成功来自于哪里？

3．如果你是玫琳凯中国的营销经理，你会从哪些方面去培养你的员工？

【情境分析】

玫琳凯中国塑造了很多成功案例，其在世博会上的成功案例只是众多成功典范中的一例，从“你能做到的！”到“量身定制你的美丽！”，玫琳凯缔造了一个又一个传奇。

从上述案例中我们可以看到“金钱”并非成功的法宝，顾客对企业文化的认同才是营销成功的最终归宿。“赢得了心才能赢得世界”，用“心”营销是玫琳凯成功的法宝，玫琳凯中国参与的“让世界聆听中国的声音——华夏方言征集令”活动“城市，因女人而生动——女人的世界”系列报道，企业员工身体力行地落实“低碳世博”理念，参加的“春蕾看世界”活动无不体现了玫琳凯的用心经营。玫琳凯通过以下四点造就了自己的营销品牌。

根据不同肌肤的护肤需求，针对每个季节的换肤问题，为每个人精心制定个性化的护肤方案，帮助其逐渐缔造无瑕肌肤。

针对不同场合的需要，为每个人提供专业的个人彩妆指导，变幻不同的妆容，并亲临演绎，为其每一刻的美丽再添光彩。

应对重要场合，为每个人带来时新得体的造型建议，悉心打造最适合自己的妆容造型，让自己在举手投足间展现自信与美丽。

在自己需要的时候来到自己的身边，不仅有产品专送，更有贴心服务，进一步拉近距离，尽情分享使用感受和交流美丽心得。

# 任务3.1 售前准备

## 学习目标

### 知识

1．掌握基本营销礼仪。

2．掌握客户信息的主要内容。

3．理解挖掘客户需求的意义。

4．掌握陈列的基本技巧及原则。

### 能力

1．为自己设计最佳个人形象。

2．掌握快速记住客户信息的技巧。

3．提高快速沟通能力、信息获取能力和观察能力。

4. 掌握挖掘客户需求的技巧。
5. 提高创造思维和发散性思维能力。

**情感、态度、价值观**

1. 感受美、欣赏美、创造美。
2. 学会换位思考。
3. 学会沟通、团队协作。

### 3.1.1 塑造自身形象

“卖商品不如卖形象！”这是亚洲成功学大师陈安之先生的一句名言。在市场营销中，成功往往取决于营销人员本身的美丽。良好的个人形象在为客户提供周到服务的同时，也为客户带来了美的享受。

**实战案例**

某知名美容美体公司在招聘营销人员时，给出的第一条招聘条件即形象气质佳。经综合考核后，安妮、玛丽、朱莉进入了最后的试用阶段，试用期为一周，工作内容是拜访客户。一周结束后，人事部经理将三个人叫到办公室，宣布了考核结果。安妮通过了最后的考核，其他两人输得有点不服气，因为一周以来，大家都努力工作，而且业绩都不相上下，为什么自己会被淘汰呢？

人事部经理微笑着将三人带到了一面大镜子前，“看看，谁更适合做我们的客户部经理？”

“对了，我们招的是客户部经理，她天天要面对的是我们的上帝，我们要让我们的上帝在享受优质产品、贴心服务的同时，也能享受美丽。”

“玛丽很高挑，是三个人中身材最好的，但是老是喜欢穿深色的衣服，且服装质地比较硬，给人一种难于靠近的感觉。”

“朱莉是三个人中五官最端正的一个，但是不太注意自己的妆容，眼镜框明显不太适合她，它严重掩盖了藏在后面的那一对美丽的眼睛。”

“安妮虽然没有玛丽高挑，也没有朱莉五官端正，但是我们看看她，唇彩颜色和今天的裙装搭配得很好，不大不小的手袋恰到好处地起到了点缀作用。而且，在一周的工作中，她换了五种不同的造型，搭配了五种不同的妆容、配饰，给我们的客户留下了美好的印象，更重要的是，你们看看镜子里的三个人，只有她始终保持着优雅、甜美、自信的微笑。”

“我们的行业销售的是美丽，因此我们选择了她……”

**评析：**

安妮的成功经历在现实生活中屡见不鲜，个人形象已经成为获取人们认同必不可少的条件。不同的行业对美的要求是不一样的，有的行业需要端庄、有的行业需要时尚、有的行业需要婉约。我们要关注自身的形象，并且要让形象符合自身的身份和职业要求。

## 实战技巧

1. 服装

1）保持服装干净整洁、自然洒脱。衣着整齐清洁所表现出的人格力量远比衣着的时髦高贵重要。

2）注重服饰的协调。合适的穿着打扮不在于奇、新、贵，而在于是否与年龄、体形、气质相协调。

3）尽量与所销售商品的档次、定位相符，才能更好地贴近顾客，尤其是当销售的是面向特定顾客群的商品时。例如，所销售的商品的主要顾客群是白领，穿着应体现高雅气质；面向新贵一族的，穿着则可略显新潮，但不能太过，绝不能穿奇装异服。

2. 仪容

1）推销员的仪容修饰要与其性别、年龄、容貌、皮肤、身体、造型、个性气质及职业身份相适应。

2）男性推销员要体现出刚毅有力、潇洒自然的男子气韵，女性推销员要体现温柔妩媚、典雅端庄的女子风韵。

3）女性推销员应选择短发、马尾辫、烫发等较为简单、保守的发式，刘海不要把脸遮住，不染夸张发色，长发要束于后面，发夹要用单色，以深色为佳；提倡加适量发胶、摩丝，头发不得有头皮屑；面部妆容应淡雅，不得浓妆艳抹。

4）男性推销员最好是短发，发长不能过耳，不要剃光头；不能过分修饰，避免给客户以油头粉面的感觉。

5）要注意面部及牙齿清洁，保持指甲卫生。

3. 举止

1）推销员的举止应该彬彬有礼、端庄大方；在约见客户、拜访客户、推销洽谈、社会交往中，要表现得稳健、优雅、大方，严格遵守社交礼仪。

2）到客户所在地拜访客户时应预约，如系临时性拜访，应先向客户表示歉意。推销员的站姿、坐姿应端正挺拔、优美自然；入座时，动作应轻、缓、柔，走到座位前应转身平稳坐下。

3）销售人员与客户的距离应保持在 1.2～3.6 米，展示产品时可以距离客户略近，但不能少于半米。

4）行走时，要双目平视前方，双肩平稳，双臂自然摆动，上身要挺直，步位要顺直，步幅要适当，如与客户一起行走，可根据客户步伐的快慢做适当的调整，以方便交谈。

4. 表情

1）微笑是对人友善和尊重的一种表现。在拜访客户时，营销人员应面带微笑，并恰当地运用一些手势，这有助于表达自己的意思，使交谈更加顺利。

2）“眼睛是心灵的窗户”，在与客户交谈时，推销员的目光应和蔼、亲切，有礼貌地注视对方。目光要坦然、有神，注视的位置应在对方唇心到双眼之间。很多销售新手反映和客户交流时眼睛不知该往哪里看，一直盯着客户会很尴尬；不看又觉得不礼貌，怎么办才好呢？我们需要学会“散点柔视”，即将目光柔和地撒在对方的脸上，而不是紧盯着某一处。

5. 肢体语言

在营销中存在“有声推销”与“无声推销”。有声推销是指通过语言描述出来的观点、话题，是利用话语进行推销的。而无声推销则是通过肢体语言传递信息，加强话语表达的效果。

（1）否定性动作

1）眼睛朝下看地。

2）头左右摇动，如同在说“不”。

3）身体前倾，左右晃动。

4）有时发出叹息声。

5）脸上表情僵硬，没有笑容。

（2）肯定性动作

1）视线柔和，看向正确的位置。

2）不时点头，示意肯定。

3）必要时做记录。

4）动作表现沉稳。

5）发出肯定的声音。

6）保持微笑。

## 实战训练

活动 1：照镜子

1）准备物品：镜子。

2）参与人：自己。

3）内容：

① 对着镜子观察，镜子中的自己在妆容、服饰、姿态等方面还需要哪些改进。

② 凝视镜子中的自己，训练自己的眼神。

③ 对着镜子中的自己，练习微笑，找到自己最美、最自然的表情。

活动 2：自我形象设计大比拼

1）准备物品：服饰、配饰、化妆品等。

2）参与人：小组成员。

3）内容：根据自己的营销身份，为自己做一次形象设计，在小组进行展示，由小组成员进行互评。

4）形象设计评分表如下表。

**形象设计评分表**

| 项　目 | 标　准 | 分　数 |
|---|---|---|
| 整体印象（20 分） | 美丽、端庄、大方、气质佳、有美的享受 | |
| 服装（20 分） | 整洁、协调、得体 | |
| 发型（10 分） | 清洁、恰当、色彩适合 | |
| 妆面（10 分） | 自然、大方 | |
| 配饰（10 分） | 协调、起到画龙点睛的作用 | |
| 表情（15 分） | 面带微笑、表情自然、目光坦然、自信 | |
| 姿态（15 分） | 优雅、热情、稳重 | |

### 3.1.2　挖掘客户及需求

#### 1. 建立客户信息库

客户是上帝，记住客户的名字，随时从大脑里提取客户的基本资料，是一个成功的营销者必备的素质。我们要时刻树立客户的意识、信息的意识、营销的意识，这样才能使营销达到预期目标。

## 实战案例

莎莎是店里业绩最好的员工，店长一直都很庆幸自己手底下有这么一位能干的员工。店里的很多员工都想知道她是用什么方法吸引住顾客的，能让顾客从她那里买了那么多产品。

一次，莎莎的客人来了，店长故意站到旁边，想亲身体验一下莎莎高超的推销技巧。

“张总您好，好久没有看到您啦，工作很忙吧，最近天气很干燥，要注意保湿了。”

“是啊，最近我就觉得皮肤干干的，又没有时间到美容院。”

莎莎马上拿出准备的新产品拿小勺挖出一点面霜抹在张女士的手背上，说：“这款面霜是今年的新款，保湿效果要比同类产品高出 30%，非常滋润，特别适合你的这种肤质在冬天使用，只需要早晚涂抹就好了，既方便效果又好。”

“嗯，感觉确实不错，给我来一瓶吧。”

“对了，上次给您推荐的洗面奶和爽肤水效果还不错吧！”

“还不错，你一说我还想起来了，好像爽肤水和洗面奶都快用完了。”

“那我建议您这次换成和这款面霜配套的洗面奶和爽肤水吧，您进来的时候我看着您的皮肤有些干，这个系列是专门针对您这样的干性皮肤设计的在冬天使用的产品。”

“那好，就给我配一套吧！”

“好的，请来这边，我先为你做面部护理。”

“啊，这是我最喜欢的音乐和香味……”

“我特意为您准备的……”

……

评析：

从以上案例中，你能发现莎莎成功的秘籍吗？赢取了顾客的心就赢得了成功，记住了顾客的信息，是赢取顾客的心的第一步。只有了解了顾客，才能对顾客需求做出准确的判断。

## 实战技巧

1．建立顾客的基本信息

（1）记住顾客的姓名

1）将不易改变的外貌特征与姓名联系起来，如脸型、身材、记号、五官等。

2）将佩戴的特殊饰品与姓名联系起来，如结婚戒指、箱包、手表等。

3）反复记忆。结识新顾客后，反复使用顾客的名字。例如，帮顾客填写相关卡片，在工作日志中反复提到顾客的姓名，在交谈过程中有意反复使用顾客的姓名。

（2）记住顾客的基本信息

1）记住顾客的职业，这决定了顾客消费的层次和产品的类别。

2）记住顾客的联系方式，便于保持与顾客的长期联系。

3）记住顾客的生活区域，便于推荐适合顾客的产品。

4）记住顾客的生日，让顾客在特殊时间能够享受到特殊的关怀和意外的惊喜。

5）记住顾客的来店时间和购买产品的时间，便于对顾客进行适时的推荐。

（3）记住顾客的爱好

1）视觉：顾客喜欢的颜色，如唇彩的颜色等。

2）嗅觉：顾客喜欢的气味，如使用的香薰的味道等。

3）触觉：顾客喜欢的体感，如产品的滋润和清爽度、按摩时的轻重等。

4）听觉：顾客喜欢的声音，如喜欢的音乐等。

### 2. 建立顾客的需求信息

（1）基本需求

1）日常使用的产品的种类。

2）产品使用的周期。

3）肤质、发质、基本生理情况（有无过敏现象，有无身体某方面不适、禁忌等）。

（2）潜在需求

1）根据季节的变化。

2）根据客户自身具体情况的变化。

3）挖掘客户新需求。

## 实战训练

活动 1：建立客户信息资源库

1）准备物品：纸、笔等。

2）参与人：小组成员。

3）内容：每人设计一个客户资源，并填写客户信息表。客户信息表如下表。

**××客户信息表**

| 姓名 | | 性别 | | 生日 | |
|---|---|---|---|---|---|
| 职业 | | | | 联系方式 | |
| 基本情况 | 肤质 | | 发质 | | 其他身体状况 |
| | | | | | |

| 基本需求 | 日常使用产品类型 | 产品使用周期 | 特殊情况 |
|---|---|---|---|
| | | | |
| 其他需求 | | | |
| 居住区域 | | | |
| 爱好 | | | |

填表时间：　　　　　　　　　　　　接待：

活动 2：快速记住客户信息

1）准备物品：客户信息表、纸、笔等。

2）参与人：小组成员。

3）内容：在之前建立的客户信息资源库中，抽取一定数量的客户信息，让小组成员快速记忆，看谁记得又好又快。

客户信息记忆评分表如下表。

**客户信息记忆评分表**

| 项　目 | 标　准 | 分　数 |
|---|---|---|
| 读取信息的速度（30 分） | 规定时间内读取数据的速度 | |
| 记忆的数量（30 分） | 规定时间内记忆数据的数量 | |
| 记忆的准确性（40 分） | 能够准确回忆出信息的各种细节 | |

### 2. 深层挖掘客户需求

挖掘顾客的深层需求就是指营销人员应该提醒客户，除了他目前需要的产品外，还应购买与该产品相关的其他产品，以满足顾客自己尚未发现的需求，从而增加交易额。

### 实战案例

林女士是丽莎的老顾客，这次要去旅游，需要购买一支防晒、防水效果好的防晒霜，请丽莎给她推荐一款。

丽莎先为林女士推荐了一款防晒霜，防晒、防水效果非常好，感觉十分清爽，而且有一股自然的香味。林女士十分满意，马上叫丽莎开单子。丽莎一边开单子一边对林女士说："林姐，这次去马尔代夫防晒的东西都准备好了吧，那边紫外线很强，一定要注意防晒。""我朋友上次去带了一大堆防晒用品，有脸部用的、身体用的，还有头发用的……"

“头发也有专门防晒的吗？”

“当然啦，您没有用过吗？就是这个喷雾，只要出门前喷在头发上，就可以……”丽莎一边说，一边将产品递给林女士试用。

“这个贵吗？”

“您刚刚购买了我们的新款防晒霜，我们正在推广这个产品，我可以额外给你打 8 折，您看怎么样？”

“好啊，那就一起给我开一瓶吧。”

“对了，这次您的女儿和您一起去吗？”

“当然了，我们一家人一起去……”

“那您给您女儿准备防晒产品了吗？小孩的皮肤和大人的不一样，要使用专门的防晒产品。”

“这样啊，我还准备给她用我的防晒霜呢，可能没有太大的关系吧。”

“最好还是儿童专用的好一些，您女儿这么小，皮肤这么细嫩，还是用儿童的专门配方好一些。您看看吧，这是我们专门针对儿童设计的防晒产品，你可以看看成分和说明。”丽莎又将儿童防晒霜递给了林女士。

“要不这样，我们这里有专门针对家庭的旅游防晒套装，里面有成人用的和儿童用的，量要少一点，但是这个夏天肯定就足够用了，而且里面还配了头发防晒喷雾和晒后修复面膜，价格比单买实惠多了……”

“好，那就给我拿这个套盒好了……”

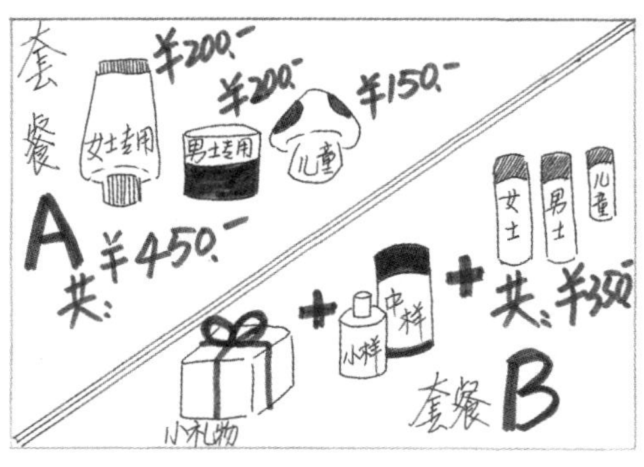


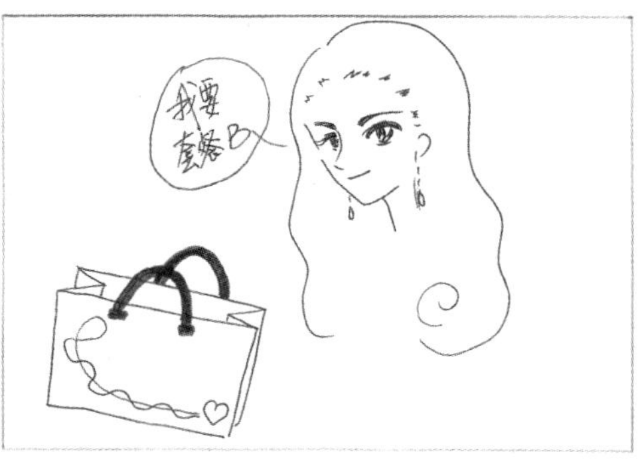


**评析：**

有些需求是顾客清楚的，有些需求是潜在的，连顾客自己都没有发现，需要营销人员发挥专业素质帮助顾客发现这些背后的需求。但是发掘潜在需求的前提必须是替顾客着想。

## 实战技巧

1. 告诉对方量大优惠

告诉顾客如果多买一些，可以给予某种优惠，如“购两件可以打 9.5 折，购三件可以打 8.5 折，购三件以上可以打 7 折……”这样可以刺激顾客购买更多的产品。

2. 建议购买相关产品

许多产品具有相关关系。如果顾客已经购买了一种产品，但要充分发挥产品的功能，客观上还需要其他辅助产品，这时营销人员就一定要了解哪些产品与自己所销售的产品具有关联性，并把这些产品推荐给顾客。如上面的实战案例中提到的，头发的防晒产品就是与防晒霜相关联的产品。

3. 从客户的角度进行启发销售

推销人员所推荐的产品必须是能够使顾客获益的产品。这就要求推销人员在介绍产品时一定要仔细倾听顾客的意见，把握顾客的心理，推荐令顾客满意的产品，而不是简单地为增加销售量而推荐产品。要注意：第一，增加的产品的数量应当有所限制，以三件内为准，过多的增加会引起顾客的警觉和反感，觉得自己是在有意推销产品；第二，增加的产品一定要是顾客马上能使用的而且需要的东西，否则即使当时推销出去了，事后顾客也会认为自己是一个奸诈的销售人员，让他买了无用的东西。

4. 建议购买新产品

当主力推荐刚刚上市的新产品时，需要启发顾客认识新产品的新功能和新效果，让他有一定要尝试的冲动。

5. 从他身边的人寻找需求

在营销过程中，要挖掘需求就要脱离顾客本身来寻找需求，所推荐的产品尽管他不需要，但是有可能是他的亲朋好友需要的。

## 实战训练

活动：寻找需求

1）准备物品：产品、柜台、客户基本资料。

2）参与人：小组成员。

3）内容：根据客户基本资料，由一个成员扮演一个客户，让小组其他成员来挖掘“客户”的潜在需求。潜在需求挖掘评分表如下表。

**潜在需求挖掘评分表**

| 项　　目 | 标　　准 | 分　　数 |
| --- | --- | --- |
| 态度（20 分） | 态度和善、热情、尊重顾客 | |
| 语言（30 分） | 语言表述清楚，易于接受 | |
| 准确（30 分） | 挖掘的需求恰到好处 | |
| 动作（20 分） | 姿势优雅、自然 | |

### 3.1.3 做好产品陈列

产品陈列是指以产品为主体，运用一定艺术方法和技巧，借助一定的道具，将产品按销售者的经营思想及要求，有规律地摆设、展示，以方便顾客购买，提高销售效率的重要的宣传手段，是销售产业广告的主要形式。合理地陈列商品可以起到展示商品、刺激销售、方便购买、节约空间、美化购物环境等各种重要作用。据统计，店面如能正确运用商品的配置和陈列技术，销售额可以在原有基础上提高 10%。对于美发与形象设计专业的学生，学会科学合理地运用店铺陈列知识，做好卖场产品陈列，具有十分重要的意义。

#### 实战案例

下图为各种产品陈列。

专卖店陈列

陈列柜

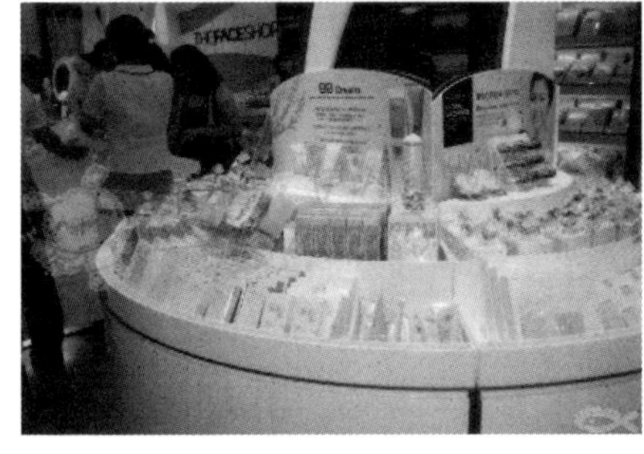

环岛式陈列

环游式陈列

落地陈列架

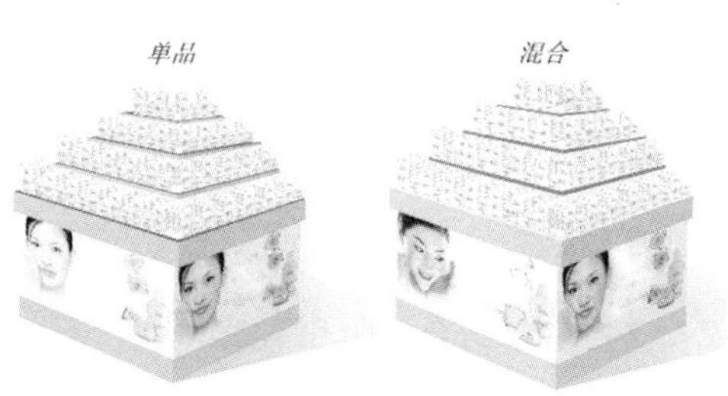


推头陈列

促销陈列架

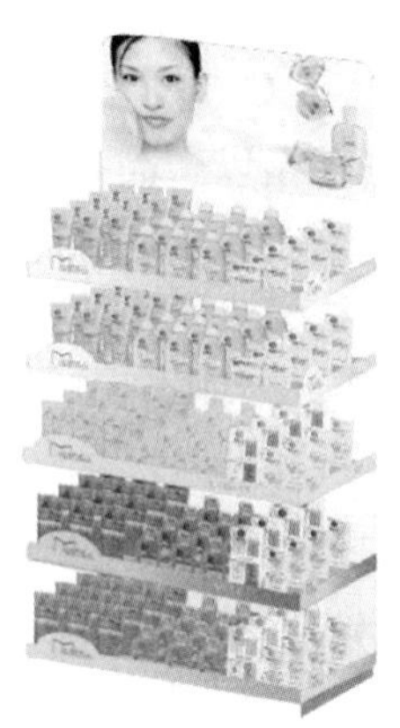

货架端头陈列

评析：

好陈列可以起到锦上添花的作用。陈列不但体现了一个品牌、一个企业的形象，同时也体现了企业人员的个人修养，是企业综合素质的体现。

## 实战技巧

1. 产品陈列的类型

（1）纵向陈列和水平陈列

纵向陈列是指同类商品从上到下地陈列在一组货架内，顾客一次性就能轻而易举地看清所有的商品。水平陈列是把同类商品按水平方向陈列，顾客要看清全部商品需要往返好几次。所以，陈列产品时应尽量采用纵向陈列。

（2）廉价陈列和高档陈列

花车陈列属于廉价陈列，它能给顾客一种家的感觉，能够刺激顾客的购买欲望。专柜需要给顾客高档的感觉，可以用豪华的货架和灯光处理的方法制造高档的感觉，这属于高档陈列。

（3）样品陈列

样品陈列是指将专柜中具有代表性的商品单独展示，将本季主推的经典款产品单独陈列。

（4）活动式陈列

对于一些商品可以采用活动式陈列。例如，营销人员可以统一使用新推款的唇彩、指甲油、洗发香波等。营销人员本身就在生动形象地直接给商品进行一种引人注目的最佳效果的展示。

2. 产品陈列的技巧

1）左右结合，吸引顾客，是产品摆放的一个技巧。一般地说，顾客进入商场后，眼睛会不由自主地首先转向左侧，然后转向右侧。这是因为人们看东西是从左侧向右侧看的，即印象性地看左边的东西，安定性地看右边的东西。已有许多商场注意到人类工程学的这个特点。利用这个购物习惯，可将引人注目的物品摆放在商场左侧，迫使顾客停留，以此吸引顾客的目光，充分发挥商场左侧方位的作用，变不利因素为有利因素，促使商品销售成功。

2）相对固定、定期变动，也是产品摆放的技巧。从顾客的角度讲，他们大多喜欢产品摆放相对固定。这样，当其再次光顾商场时，可减少寻找的时间，提高顾客购物效率。但长此以往，又易于失去顾客对其他物品的注意，且产生一种陈旧呆板的感觉。因而也可在产品摆放一段时间后，调整货架上的货物，使顾客在重新寻找所需物品时，受到其他物品的吸引。产品的固定与变动应是相对的、适应的，一般以一年变动一次为宜。

3）售货交款之间拉开距离，对经营者来讲，同样不失为一种商品摆放的艺术。当顾客四处看时，便可能看到其他一些引起购买欲的产品。

### 3. 商品陈列的基本原则

（1）陈列的稳定性

卖场陈列首先要保证陈列的稳定性，给顾客以安全感。确保商品不易掉落，适当地使用盛装器皿、备品。

（2）陈列的易观看性、易选择性

陈列应遵循前低后高的原则，一般情况下，由人的眼睛向下 20° 是最易观看的。人类的平均视觉是 110°～120°，可视宽度范围为 1.5～2 米，在店铺内步行购物时的视角为 60°，可视范围为 1 米。

（3）陈列的易取性、易放回性

顾客在购买产品的时候，一般是先将产品拿到手中从所有的角度进行确认，然后再决定是否购买。当然，有时顾客也会将拿到手中的产品放回去。如所陈列的产品不易取、不易放回，也许就会仅因为这一点便丧失了将产品销售出去的机会。

（4）清洁感

随时保持产品、陈列架、地板的清洁，会给人以舒适、整洁的感觉，千万不要将产品或者产品包装直接放在地板上。

（5）鲜度感

保证产品质量良好，距超过保鲜期的日期较长，距生产日期较近。保证产品上下不带尘土、伤疤、锈，使商品的正面面对顾客。提高商品魅力的 POP（Point of Purchase advertising，购买点广告）也是一个重要的因素。

（6）新鲜感

陈列应符合季节变化，不同的促销活动使卖场富于变化，能不断创造出新颖的卖场布置、富有季节感的装饰。另外，还可通过照明、音乐渲染购物氛围。

### 4. 视觉渲染

视觉渲染能够为卖场陈列增添活力，增强顾客的购买欲望，可以运用广告牌、POP、灯光、明星灯箱等来达到最佳宣传效果。

### 5. 定型陈列向上立体陈列的要点

1）所陈列的产品要与货架前方的“面”保持一致。

2）产品的“正面”要全部面向通路一侧。

3）避免顾客看到货架隔板及货架后面的挡板。

4）陈列的高度通常应使所陈列的产品与上段货架隔板保持可进入一个手指的距离。

5）陈列产品间的距离一般为2～3毫米。

6）在进行陈列的时候，要核查所陈列的商品是否正确及标签是否正确。

### 实战训练

活动：做陈列设计

1）准备物品：需陈列的产品、货架、基本陈列组合、POP、桌子、纸、笔等。

2）参与人：小组成员。

3）内容：

① 小组讨论陈列的方案，并进行分工。

② 进行产品陈列设计，绘制营销POP，完成陈列设计。

③ 对本小组的设计进行展示和说明。

陈列设计评分表如下表。

**陈列设计评分表**

| 项　目 | 标　准 | 分　数 |
|---|---|---|
| 整体印象（20分） | 富有创新性，视觉效果好，具有吸引力 | |
| 速度（10分） | 规定时间内完成陈列工作 | |
| 安全性（15分） | 设计合理，陈列稳固，安全性强 | |
| 易观性　（15分） | 产品陈列位置合理，易观性好 | |
| 易取性（10分） | 产品取放方便 | |
| 清洁感（10分） | 陈列用具及物品卫生清洁，无污渍 | |
| 视觉渲染（10分） | 辅助宣传好，POP设计突出，摆放恰当 | |
| 团队协作（10分） | 分工明确，每个成员积极参与，协作得好 | |

# 任务3.2　掌握营销语言

## 学习目标

### 知识

1．理解真诚赞美的意义。

2．理解提问的重要意义。

3．掌握提问的基本方法。

### 能力

1．掌握赞美的技巧。

2．掌握提高语言表达能力的方法和技巧。

3．学会发现问题。

### 情感、态度、价值观

1．感悟真诚。

2．学会用欣赏的眼光看待他人。

3．提高个人修养。

### 3.2.1 真诚赞美客户

俗话说："话不投机半句多。"营销更是这样。真诚的赞美是拉近与客户距离的一种方法。赞美客户时必须要找出别人可能忽略的特点，切不可溜须拍马，而要让客户感受到自己的赞美是真诚的。

## 实战案例

"李老师，这个暑假你们又去哪里旅游啦？好羡慕你们有暑假，可以出去休闲旅游。你们是一家人去的吗？"

……

"您真幸福啊，先生和女儿都能陪您一起去旅游。"

……

"李老师，您的皮肤真的很好，普吉的太阳这么大，您也没有晒伤，您是怎么防晒的呀？"

……

"下次我出去的时候也试试您的方法，不过我觉得和您经常来我们这里做保养也有很大的关系，您觉得呢？"

评析：

虽然只是简单的几句话，但刚好说到了顾客的心坎上，还有什么比和家人在一起更让人感到幸福呢？赞美不需要多，而是需要真诚。

## 实战技巧

赞美别人是一种能力，需要自己不断地修炼才能得到提升。赞美别人应适度、恰到好处。不要太夸张，要有所保留。要在比较中赞美，在夸奖对方的同时，让对方意识到自己的优点和存在的差距。

### 1. 赞美的原则

（1）赞美要真诚

赞美要名副其实、发自肺腑、情真意切。要做到发现优点而不是发明优点。赞美切忌不切实际，这样会让人感觉虚情假意、溜须拍马。

（2）赞美要适时

赞美一定要把握适当的时机，在恰当的时候赞美，才能起到锦上添花的作用。例如，当顾客对自己的某一方面产生怀疑的时候，就可以适时地给予肯定，以帮助顾客树立自信。

（3）赞美要适度

凡事都应有一个度，否则，哪怕是真理，多跨一步也就成了谬误。过多的赞美会增加顾客的负担，使客户反感，使自己推销的产品的质量在客户心中大打折扣。

### 2. 赞美的技巧

（1）年龄要年轻，价格要提升

在赞美顾客的时候可以采取这样的一种技巧，那就是“年龄要年轻、价格要提升”。当在接待顾客的时候，人们都喜欢别人说自己很年轻，所以当一名顾客让自己判断他的年龄的时候，要尽可能地往岁数比较小的方向判断；当一名顾客让自己判断他的某个物件的价格的时候，要尽可能能地往价格高的方向判断。这更加符合人们的心理。

（2）表达对顾客的敬佩之情

把握住顾客的成就点，进行赞扬。“您这么年轻就有今天的成就，令我由衷佩服，确实是我们学习的榜样！”“听说您是这方面的专家，我想向您请教一些问题。”

（3）由整体到局部

笼统的“帅”或“漂亮”已经不再是时下流行的赞美了。我们需要将赞美由整体到局部，赞美其某一方面，如皮肤很白、妆化得很好、头发很柔顺、手表很酷、皮鞋很亮……

（4）从本身到相关

赞美不一定只限于针对顾客自身，也可以是他的家人、朋友、单位、职业、籍贯、姓氏之类的，这样也可以起到很好的效果。

（5）以第三方的语言说出

赞美时运用第三人称，对方更容易接受。例如，“我听他们说您是心理学方面的专家……”

（6）赞美要适量

赞美的量要视对象而定，如果对方喜欢听赞美的话，可以适当地多赞美对方几次。但过多的赞美会显露出自己的功利性，从而影响销售结果。

## 实战训练

活动：赞美我的顾客

1）准备物品：顾客卡。

2）参与人：小组成员。

3）内容：

① 小组成员抽取顾客卡，按照卡片的内容，轮流扮演顾客和营销人员。营销人员对顾客进行赞美。

② 小组成员之间进行赞美效果的评价，并交流，做好记录，形成赞美的心得。

赞美评分表如下表。

赞美评分表

| 项　目 | 标　准 | 分　数 |
| --- | --- | --- |
| 态度（30 分） | 态度自然 | |
| 赞美的内容（30 分） | 内容切合顾客实际 | |
| 赞美的效果（40 分） | 达到了赞美的效果，能让顾客感受到真诚 | |

### 3.2.2 巧用营销语言

#### 1. 掌握推销语言

一个人的语言表达能力能够直接体现一个人的个人修养和综合素质。对于营销人员来讲，语言更是工作中的一把“利器”，优秀的营销人员必定会正确使用这把“利器”，让它产生正面效用，助自己一臂之力。

## 实战案例

迈克是公司新入职的员工，人很聪明，做事勤奋，不到一周就学完了公司里的所有资料，把所有产品的资料背得滚瓜烂熟。但是，半个月过去了，迈克的销售业绩却不怎么样，而比他入职晚的约翰的业绩却比他好得多。迈克很苦恼，将这个情况告诉了经理，想得到帮助。第二天，经理观察了两个人一天的销售情况，把迈克叫到了办公室，告诉迈克让他去观察约翰是怎么销售的。

经过一天的观察，迈克明白了自己输在什么地方。自己在与客户沟通时，使用的几乎都是那套自己背得滚瓜烂熟的话，而且没有注意对产品中的专业名词进行解释，客户经常在听了他的介绍后都是疑问的表情。而约翰不同，他在对客户介绍产品时，总能发现客户的需求，针对客户的需求选择性地进行介绍，对每个客户说的语言都有所不同。

后来，迈克对自己的销售进行了调整，在向客户介绍产品时，先了解客户的需求，然后再针对其需求做进一步的介绍。客户听了之后觉得迈克非常专业，都愿意购买他的产品。

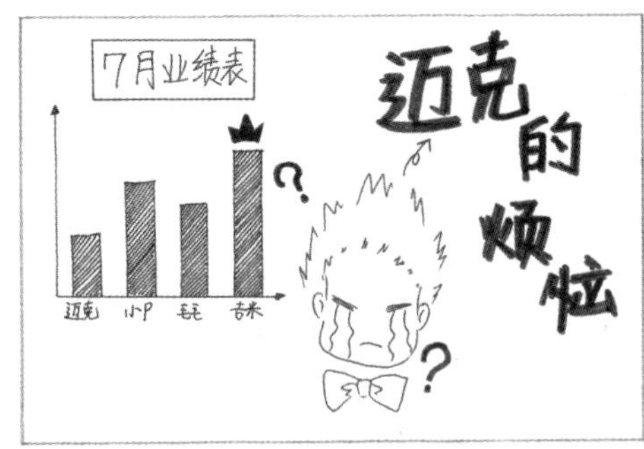

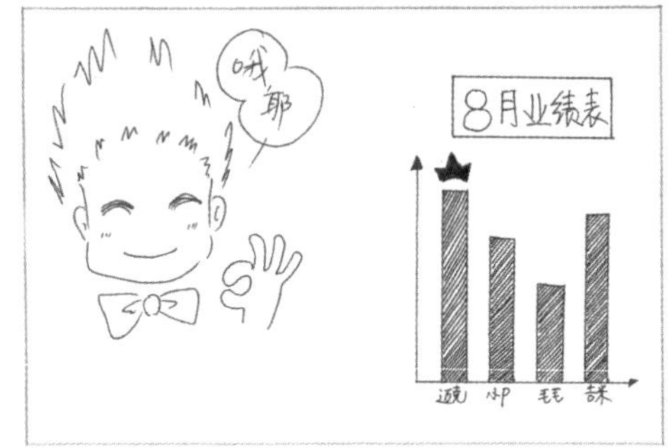


**评价：**

很用心地做事却见不到效果，这是很多营销人员的困惑。我们应该像迈克一样，进行及时的总结，找到解决问题的办法，努力训练自己的基本技能，提高自身的综合素质。

## 实战技巧

1. 推销语言技巧

（1）不说批评性话语

在谈话中引用批评性的话语是人们经常会犯的错误，有时候伤害了别人自己还察觉不到。例如，“这个肯定不适合您！”“您很久都没有做过保养了吧！”“您的角质太厚了，肤色很差！”“您的发质太差了！”“您这个头发在哪里做的呀，一点层次都看不出来！”也许自己是无心说的话，也许只是想打一个圆场，但是这些话会让顾客感觉很不舒服。

（2）不说诉苦的话

有些员工在与顾客沟通时总是爱诉苦，诉说自己的委屈和种种不幸。这是与客户交流的一大忌讳，经常会引起客户的轻视和反感。我们应该明白，没有人愿意和心胸狭隘、斤斤计较、对恩怨得失终日耿耿于怀的人打交道。要记住“快乐传递财富，悲观传递贫穷”这句话，高素质的营销员就是在每天快乐的工作中为公司创造财富，为自己增添薪水的。

（3）不说夸大不实之词

如今，人们已不再简单地将推销等同于夸大与欺骗，更多的是将其看作一门艺术。推销员不能为了一时的销售业绩而夸大产品的功能和价值，无限夸大就如同为日后埋下一枚“定时炸弹”，当顾客发现后，后果将不堪设想。而是要牢记，推销员不仅要卖出这一件产品，更要与顾客保持友好、信任的关系。

（4）变通枯燥话题

在与顾客沟通时，千万不要将自己的意见强加给顾客，可以换一种角度，讲一些他们爱听的故事、效果，活跃气氛，再回到正题，这样效果会更佳。

（5）切忌炫耀自己

在做自我介绍或提及自己的情况时，一定要实事求是，不可忘乎所以地自吹自擂、自我炫耀，炫耀自己的出身、学识、财富、地位及业绩和收入等，这样会人为地给双方造成隔阂和距离。

（6）少说质疑性话题

有些销售人员怕对方听不懂自己的话，喜欢问一些“你懂吗”、“你知道吗”、“你明白我的意思吗”、“这么简单的问题，你了解吗”等一些令人反感的问题。这会引起顾客的不满，使其感觉得不到起码的尊重，会随之产生逆反心理。

（7）禁用攻击性话语

在日常生活中，我们可以经常看到这样一种场面：当一种新产品刚上市时，各家都卖得很好。但由于竞争激烈，同行之间开始相互攻击，互揭老底，有的甚至把对方的产品说得一文不值，导致一个本来市场潜力很好的产品在消费者心目中的印象越来越差，从而迫使价格越来越低，最后只好退出市场。所以，攻击同行会起到相反的效果，客户会认为自己害怕同行，或急于把不合格的产品卖出去。

（8）回避不雅之言

每个人都希望与有涵养、有层次的人交往，而不愿与那些“粗口成章”的人交往。同样，推销过程中，不雅之言必将给推销员带来负面影响。

（9）用词简明易懂

通俗易懂的语言最容易被大众所接受。所以推销员在向客户推销产品时，应多用通俗化的语言，对产品和交易条件做简单明了的介绍。客户不是自己的同行，如果自己满口专业术语，客户就无法接受。营销人员要把专业术语用简单的话语进行转换，让人听后能明白，才能有效地达到沟通的目的，产品销售才会顺利进行。

### 2. 语言练习方法

（1）速读法

“速读”就是快速地朗读。在平时，可以选择一些精彩的演讲词或一篇文辞优美的散文进行朗读。开始朗读时语速要放慢，随后逐次加快，最后尽自己所能达到最快速读。朗读者发音要准确，吐字要清晰，不能停顿。

（2）练气法

俗话说：“练声先练气。”气息是人体发声的动力，是发声的基础。气息的大小对发声有着重要的影响：气不足，声音无力；用力过猛，又有损声带。所以，练声时首先要学会用气，要领是先学会“蓄气”，压气，把废气排出，然后用鼻和舌尖间隙像“闻花”一样，自然地轻轻吸，要吸得饱，然后气沉丹田，慢慢地放松胸肋，使气慢慢呼出，呼吸得应均匀，控制时间越长越好，每天反复练习 4～6 次。

（3）复述法

复述不仅在于练习背诵，还在于锻炼语言的连贯性。建议在众人面前进行复述，这样可以锻炼营销员的胆量，克服其紧张心理。

（4）节奏法

在与人交谈时，应注意语句的停顿，话要说得慢一些，声音响亮一些，这样就会发现，人们会更加愿意倾听自己说话，因为他们会认为自己所说的每一句话都是发自内心深处，经过深思熟虑的。

（5）模仿法

模仿自己喜欢的播音员、演员、优秀员工说话，从语气、语速、表情、动作等多方面进行模仿，坚持一段时间后就会发现，自己的口语能力在不断地提高。

（6）角色扮演法

推销员会接触到不同年龄、不同职业、不同类型的顾客，所以要不断加强对不同角色的揣摩和模仿。把自己当成专家、学生、教师、演员、经理等，充满感情地将人物惟妙惟肖地表演出来。

### 实战训练

活动 1：朗诵

1）准备物品：镜子、书。

2）参与人：自己。

3）内容：对着镜子朗诵，注意自己的语言、表情、动作等。

活动 2：情景剧

1）准备物品：背景、各种道具。

2）参与人：小组成员。

3）内容：模拟一个销售场景，由小组成员分别饰演不同的角色。

情景剧评分表如下表。

**情景剧评分表**

| 项　目 | 标　准 | 分　数 |
|---|---|---|
| 内容（20 分） | 主题突出，生动有趣，编排有逻辑 | |
| 角色（20 分） | 个性突出，身份明确，惟妙惟肖 | |
| 语言（30 分） | 语言有个性，体现专业修养 | |
| 表演（10 分） | 神态好，肢体语言到位，表演自然 | |
| 道具（10 分） | 能很好地辅助表演 | |
| 参与（10 分） | 全体成员参加，团队合作好 | |

#### 2. 巧提问

在营销中无可争辩的一个事实就是营销人员的提问能力与推销能力成正比。有人说，推销员必须勤奋、聪明、会提问题。的确，会提问题、提好的问题是完成任务、达到目标的保证。

### 实战案例

一天，在某外企做会计的李女士走进一家化妆品商场准备购买洗面奶。一进门是 E 护肤品的专柜，她看都没有看，因为她认为 E 护肤品是大品牌，不太适合自己。于是她问门口的服务员：“请问 F 专柜在哪里？”刚好被 E 专柜的推销员小琳看见。小林马上迎上前去，彬彬有礼地说：“这位姐姐，冒昧打扰一下，一看您就是对品质要求很高的女性，只是我很好奇，我们的专柜一进商场就能看到，您为什么不愿意看看我们的产品呢？可以给我们提点建议，让我们把工作做得更好吗？”

李女士说自己习惯用 F 品牌的产品。小林微笑着说：“原来是这样，我们品牌正在征集顾客的建议，以提升我们整个品牌的形象，能不能耽误您一分钟时间，为我们填一张表格，我们将赠送给您一份精美礼品。”李女士想，反正今天也不赶时间，对方态度这么诚恳，便同意了。

小林拿出事先设计好的表格，向眼前的李女士展开调查：“您认为 E 和 F 两个品牌之间最大的区别是什么？”“如果可以，您希望 E 品牌在哪些方面能够改进？”“您喜欢的颜色是什么？”之后，小林根据李女士的回答逐一做了相应的解释，并帮助其进一步分析了她的皮肤特点。经过刚才的一番询问，小林已经掌握了李女士对护肤品的要求，为李女士做了相应的推荐。

最终的结果是，李女士不但在 E 护肤品专柜购买了洗面奶，还购买了其他配套的一些产品。

评析：

好的问题能够为销售起到引领的作用。在提问中，推销员要抓住顾客的心理，提出有价值的问题，让顾客跟随自己的思路走，使销售成功。

## 实战技巧

1. 开门见山，直奔主题

开门见山的提问有助于引起客户注意和兴趣，一开始就涉及主题容易消除陌生感，让顾客快速接纳自己。这样的提问要注意：①问题要能激发起顾客回答和思考的兴趣，避免其随意应付；②问题要简单明了，做到有的放矢，不可泛泛而谈；③询问时要重点突出。

例如，“您想花最少的钱，让自己变得更漂亮吗？”“如果我们这个牌子的化妆品能满足您的愿望，您会乐意购买吗？”

#### 2. 分层追问，锁定需求

在推销产品的过程中要注意时时挖掘顾客的需求，学会一步步巧妙引导，从细微处着手，通过一些较小的、次要的问题来慢慢引导顾客，最终得到顾客的信任，达到销售目的。推销员可以从以下几点入手。

1）询问顾客对目前使用产品的满意度。

2）询问顾客是否希望目前使用的产品能够在某些方面有所改进，并进一步思考自己推销的产品能否弥补这个不足。

3）从产品的边缘属性入手，询问客户喜欢的颜色、款式等。

4）询问客户可以接受的价位，是否希望享受到会员价等。

5）要学会临场发挥，根据顾客的回答发问。

#### 3. 适时提问，即时核对

除了养成适时提问的习惯，我们还应养成即时核对的好习惯，以确保信息的准确，避免行业“潜规则”。

1）推销员回答完一个问题后，应简要地将内容概括一遍，询问顾客是否理解。

2）在与顾客交谈几分钟后，对前面的内容进行核对。例如，“您看我们刚才提的几个方案，对解决您的问题有帮助吗？”

3）用开放式的问话进行核对。例如，“这样能满足您的需求吗？”

#### 4. 以质问控制话题走向

（1）提出反问

用“请说明一下，您对这件产品还有什么疑问吗”类似的话语向顾客提出反问，还可以说“我对您刚才所说的不太理解”等，以此询问出客户谢绝的原因。

（2）试着帮助客户说话

“××先生想这样说是吧！”“××女士还有什么问题吧？”也可以这样相反地提出质问，根据对方的态度进一步探求。

（3）步步追问

通过“是哪个品牌的推销员这么说的？”“那不过是传言，您亲身体验过吗？”等步步追问的方式提出质问。

#### 5. 开放式的提问

多提出一些开放式的问题有利于交谈和沟通，这样能避免顾客回答“不”，自己直接被拒绝。提问前要思考以下问题。

1）问题是否简单明了，顾客是否能听明白。

2）顾客回答前，问题是否能引导其做有益于购买的思考。

3）问题能否把顾客引向其以往的经历。

4）问题是否新颖，是否可以促使顾客思考。

5）问题是否有一个确切的答案，从而自然过渡到下一个问题。

6）问题是否能有利于提高销售的气氛。

6. 以选择式提问捕捉顾客注意力

（1）注意选择对象

在提问中，要根据顾客的具体情况来提问，千万不要被顾客所“牵引”，从而浪费时间和精力。

（2）不要留下拒绝的机会

采用选择式提问方式提出的问题，应让顾客从中选择出肯定的答案，而不要给客户拒绝的机会。例如，“你是喜欢 A 还是喜欢 B？”

（3）问题要便于回答

问题不能涉及顾客隐私的问题、攻击性的问题、政治性的问题，要问得自然、通俗便于回答。

活动：巧设问

1）准备物品：纸、笔。

2）参与人：小组成员。

3）内容：根据提问的技巧，每个成员都设计十个问题，小组成员进行交流，然后各组之间进行交流。

客户信息记忆评分表如下表。

客户信息记忆评分表

| 项　　目 | 标　　准 | 分　　数 |
| --- | --- | --- |
| 问题的内容（30 分） | 问题的内容丰富，涉及范围广 | |
| 问题的形式（30 分） | 运用三种以上的提问方法 | |
| 问题的价值（40 分） | 问题针对性强，有意义 | |

# 任务 3.3　掌握产品成交技巧

## 学习目标

### 知识

1．掌握提炼产品卖点的方法。

2．掌握顾客心理暗示的表现。

3．掌握电销礼仪知识。

4．掌握营销策划案包含的内容。

能力

1. 提高观察、归纳、表达能力。
2. 掌握“快速成交”的技巧。
3. 提高揣摩顾客心理的能力。
4. 运用产品成交技巧。
5. 掌握营销策划的制作方法。

情感、态度、价值观

1. 锻炼个人心理素质（特别是受挫能力）。
2. 学会尊重他人。
3. 培养诚实、守信、创新的品质。

### 3.3.1 把握产品卖点

营销人员不仅应充分了解和熟悉自己的产品，还要能够将产品的卖点迅速提炼出来，只有这样才能吸引客户的眼球，建立其对产品的信任，找到销售的机会，达成销售目标。

**实战案例**

一位顾客到柜台购买美白产品，既希望收到立竿见影的效果，又希望能够从根本上改善肤质。柜台刚好有两款产品，但是都只能满足顾客一方面的需求。该怎么办呢？

店长小米先拿出 A 产品，挖了一小勺涂在顾客的手背上，一边轻轻拍打一边说：“您请看，只需要这样涂抹一点，然后轻轻拍打，马上就可以使你的肌肤看上去白皙水润。”

顾客点点头，效果确实不错。

小米马上又拿出 B 产品，挖了一小勺涂在顾客的另一个手背上，一边轻轻绕小圈按摩一边说：“这次感觉怎么样，很滋润，是否像刚拍了水一样，一点都不油腻？”顾客点点头。

“您再闻闻这味道，是不是有一点很淡的草本的香味，要仔细闻才闻得出来……”顾客一边闻一边赞同地点点头。

小米接着说：“我建议您在白天或是特别的场合使用这瓶美白霜（A 款），这样可以使您的肌肤在特殊场合立刻显得白皙水润，增添妆容的效果。在晚上和平时使用这瓶（B 款）美白乳液，这瓶是纯植物萃取的，对肌肤无伤害，能从根本上改善您的肤色。您看怎么样？”

“但是，我需要一次买两瓶吗，我只想买一瓶先试试……”

看见顾客有点犹豫，小米又接着说：“因为，白天和夜晚的肌肤需要的不一样，所以我们专业推荐白天和夜晚分别使用不同的面霜和乳液，这样会达到更好的效果。而且用量一样都会减半，总的用量是一样的。”

“那好吧，就给我一样来一瓶吧！”

“好的，我马上给您开票，请您稍等，再试试我们的其他产品吧，思思，你来给这位女士介绍一下我们的彩妆吧……”

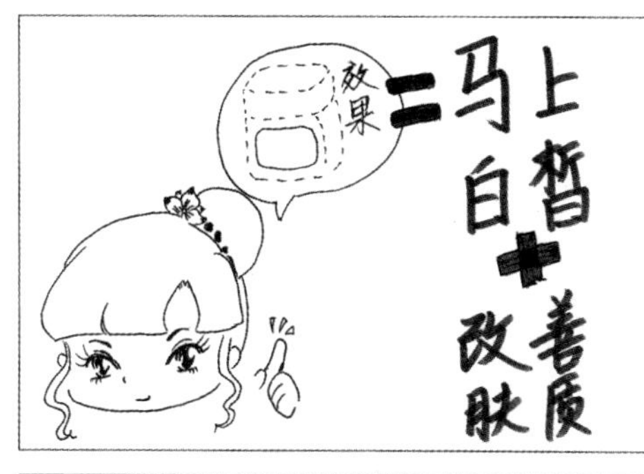

评析：

每一件产品都有它独特的个性和功效，只有对每一件产品都有深入的了解，才能够将最适合的产品推荐给需要的顾客。

## 实战技巧

要让产品真正自己“动销”起来，很多内涵与外延层面的工作必须做好、做到位。推销员必须了解顾客的心声：给我一个购买的理由。在产品同质化日趋明显的今天，推销员的产品必须有一个优于或区别于其他同类产品的、足以让客户买单的理由。

1. 卖点要建立在实物之上

推销员要注意，概念永远不能代替产品，卖点必须建立在产品实物基础上。通常一个产品的卖点不会只有一个，而将哪一点提炼为核心卖点并不取决于产品自身实际功效（或特色）强度排序，也不是由技术人员确定的，而是按照市场需求确定的。

2. 卖点要有充足的说服力

客户在得知推销员的产品的核心卖点时，一般会在口头或心里追问一句：“你凭什么这么说？”这时推销员必须有充分的说服力，这就是产品核心概念的理论支撑体系。支撑产品核心的理由必须可信、易懂，便于表达、记忆和传播。

3. 卖点能够满足客户的需求

自己所诉求的卖点的市场需求或潜在需求必须是实在的，这种需要最好是尚未被很好满足的“急需”，这会节省许多宣传成本；此外，也可以深入研究、发现、引导和满足潜在需求。

4. 卖点具有自身特征

自己所提炼的核心卖点要尽量优于或别于其他同类产品，要有自己的个性、突出自身特点，要巧妙别致、给人以美感，有寓意、易识别、易记忆、易传播，太过直白或哗众取宠均不可取，要能够体现企业精神和产品特质，可延展、可持续。

5. 卖点展示要直观

作为美容美发产品，顾客要感受的是直观的效果，包括视觉、嗅觉、触觉等，在说明卖点的同时，要让顾客有直观的感受。效果要看得见、摸得着、闻得到。

**实战训练**

活动：把握产品卖点

1）准备物品：产品、说明书、纸、笔、道具等。

2）参与人：小组成员。

3）内容：根据顾客需求，快速提炼产品卖点，并组织语言进行介绍。

4）产品卖点提炼评价表如下表。

产品卖点提炼评价表

| 项　目 | 标　准 | 分　数 |
|---|---|---|
| 卖点提炼（40分） | 准确、精炼、有充足的说服力 | |
| 卖点陈述（40分） | 清楚、富有感染力、展示到位 | |
| 效果（20分） | 达成目标 | |

### 3.3.2 抓住顾客暗示

客户意欲购买产品的心理暗示总会无意地通过行动、语言或身体语言等表现出来。因此，推销员必须善于观察客户流露出来的各类暗示，判断出客户的真实意图，并善于捕捉稍纵即逝的成交暗示，抓住时机，及时地促成交易。

**实战案例**

小张是某品牌化妆品公司的推销员，他非常勤奋，沟通能力也很强。前不久，公司研发出一种美白效果更好、价格更具竞争优势的美白产品。小张马上把这个消息告诉了她的几个老客户，这些老客户都对该产品产生了浓厚的兴趣。

其中一家美容院老板正好要推广新的美白系列服务，请小张到自己美容院，反复向小张咨询了有关情况。小张详细、耐心地向他解答，对方频频点头。但是此时，小张并没有向对方索要订单，她想，对方反复向自己询问，一定是还有些问题没有了解透彻，自己应该再和客户接触几次，而且这张订单应该是十拿九稳了。

然而，一个星期过后，对方仍然没有提订单的事，热情也慢慢地降低了，还提出了产品中的一些小问题。这样拖了一个月后，这笔本应到手的单子就这样“黄”了。

小张的失败就在于没有及时意识到并把握住客户的心理暗示，过于追求完美、谨慎，只会错失良机。

评析：

小张的失败在于没有及时地把握住顾客的各种暗示，在营销过程中，有时一个点头、一个眼神、一个微笑都是成交的信号，营销人员须抓住这些机会，及时促成交易。这需要从业人员在日常工作中细心观察，及时总结，灵活运用，只有这样才能提高成功的概率。

## 实战技巧

### 1. 语言暗示

语言暗示是顾客暗示中最直接、最明显的表现形式，也最易于被推销员察觉。当顾客询问如下事项时，表示其有购买意向。

1）顾客对产品提出的问题较多、较详细。

2）以价格、支付、运输等问题为中心与推销员洽谈。

3）询问售后服务问题。

4）客户反复询问有关使用上的细节问题或反复阅读说明书。

5）询问是否可以试用。

6）询问该产品与其他产品的区别。

7）当客户说“我喜欢”或者“我丈夫（或太太）喜欢”时。

### 2. 动作暗示

有时，顾客会在动作方面表现出来意欲成交的心理暗示，如双手放松、张开（原来可能较紧张，双手交叉或紧握）、耸起的双肩放松下来、探过身向自己靠拢、触摸或摆弄样品、频频点头、端详样品、细看说明书、向直销人员方向前倾、用手触及订单等。识别顾客的动作暗示时，营销员应该注意以下几点。

1）当顾客开始由摇头转化为点头，说明顾客经过心理斗争后，已说服自己购买该产品。

2）当顾客出现用手抓头皮、舔嘴唇、面色微红、坐立不安时，说明顾客的内心正在进行激烈斗争。

3）"那里不是细谈的地方，请到这里谈"变换作为，以此说明其对产品很感兴趣。

4）当顾客开始仔细翻看说明书时，就意味着他想购买该产品了。

5）当顾客同时索取几个相同的产品进行比较挑选时。

6）当顾客不停地询问产品质量时。

7）当顾客离开后又转回来时。

8）当顾客仔细查看产品有无瑕疵时。

9）当顾客不断地观察和盘算时。

3. 表情暗示

人的面部表情是最不容易捉摸的，以下是一些客户成交前的表情暗示，推销员可以据此判断客户的购买意向。

1）顾客眼睛转动由慢变快，眼睛发光，神采奕奕。

2）顾客双锁的双眉分开、上扬。

3）客户嘴唇开始抿紧，好像在品味什么东西。

4）客户神色活跃，态度友好，原先做作的微笑转变成自然的微笑。

5）客户情感由冷漠、怀疑、深沉变为自然、大方、随和、亲切。

## 实战训练

活动：你来做，我来猜

1）准备物品：纸、笔。

2）参与人：小组成员。

3）内容：小组成员分成两组，一组用肢体语言和语言来表演，另一组来判断是否是交易的信号。

活动评价表如下表。

**活动评价表**

| 项　目 | 标　准 | 分　数 |
|---|---|---|
| 动作（30分） | 动作到位、表现力强 | |
| 语言（30分） | 准确、精炼、有充足的说服力 | |
| 表情（20分） | 清楚、富有感染力、展示到位 | |
| 效果（20分） | 达成目标 | |

### 3.3.3 掌握产品成交技巧

1. 掌握产品推荐技巧

推销人员经常会遇到防备心理极强的客户，这样的顾客会拒人于千里之外，增加推销人员工作的难度。遇到这样的客户时，推销人员要善于换位思考，掌握产品推销技巧，站在他们的角度考虑事情，获得他们的信任，这样才能够成功。

**实战案例**

员工：黄小姐，你今天需要购买护发的产品吗？

顾客：我想了解一下。

员工：黄小姐，你太幸运了，现在刚好有新产品，效果特别好！今天店里抢购得还剩两瓶了，我先拿给你看一下吧！

顾客：哦！多少钱呀？

员工：价格很便宜的，我们店现在的价格是新品促销价，和网购价一样，一瓶只需 268 元，商业区大部分卖 468 元！

顾客：我今天没有带钱，下次来洗头的时候再考虑吧！

员工：现在这款产品卖得比较好，我担心会脱销，我先帮你预定一瓶吧？

顾客：预定就不用了！

员工：没事！黄小姐，你下次来洗头的时候可以先感受一次，当然单次要收 58 元！

顾客：58 元一次，感觉有点贵！

员工：是呀！58 元可能是有点贵，但效果真的很好，绝对值！当然你感觉贵我也有办法！

顾客：呵呵！什么办法？

员工：你下次来可以找我给你洗呀！我可以先给你免费做一半你先感受效果，如果你感觉好，你就可以考虑买一瓶，毕竟买了比单次做划算，500 毫升你可以做 22 次左右，如果每次我帮你做，可以做 30 次。我会很仔细地帮你涂抹均匀，对于效果，我相信你会满意的。这款产品对你们烫染过的头发修复效果很明显！

顾客：是吗！免费！

员工：我是 12 号助理师，可以叫我阿莉！我在本店已经工作三年了！

顾客：我后天就要过来洗头发。

员工：好的！黄小姐！12 号阿莉恭候您的光临！

顾客：呵呵！好的，后天中午见！

员工：好的，黄小姐！后天中午我等你！

评析：

以上案例告诉推销员如何面对一个防备心理极强的客户，须首先取得他们的信任，要站在他们的角度考虑事情，让他们感觉自己是和他们站在同一个角度思考问题，当顾客信任自己后，才能信任自己的产品和服务。

## 实战技巧

经验丰富的美容师在接待顾客以前一般会提前准备一些精心设计的话题，在与顾客的语言沟通中力求了解和掌握他们内心的真实想法。

### 1. 了解顾客的消费动机

通过与顾客的交流，能获得一些有价值的信息，增强同顾客的情感联系，并把顾客的审美注意力引导到美容消费上，同时还能及时掌握顾客的消费动态和消费动机。总之，让顾客把自己的需要、愿望、苦恼、疑虑讲出来，以便于采取准确、适当的服务方式，让顾客怀着期望而来，带着满意而归。

### 2. 掌握顾客的消费能力

如果是顾客主动与美容师交谈，美容师一定要耐心听他讲完，从他的谈话过程中，可以将建议性话题放在最需要的时候讲；如果需要通过询问来辨明顾客的心态，可先引导他谈谈对曾经用过的某产品的体会，再提出几个精心选择的问题征求他对产品的意见。这样，美容师便能基本掌握顾客的购买动机。接着，美容师再根据他自身的特质和消费能力，以及对产品的要求（包装、价格、容量等）为他推荐几种进口、合资或国产的高、中、低档产品供他选择和使用。

### 3. 倾听后再推荐

向顾客介绍产品时，要对顾客提出的疑问表示出极大的兴趣，耐心倾听顾客的意见，顾客才愿意多讲话；顾客说得越多，美容师获得的信息就越多。

1）做好“听”的心理准备。面对日益成熟的顾客群体，美容师一定要具备扎实的美容基础知识和良好的心理承受能力。

2）给顾客倾诉和说话的机会。应让顾客主动讲出自己皮肤存在的问题及疑虑。

3）集中注意力去倾听。倾听顾客诉说的同时，还要学会进行必要的信息检索，从顾客的大量言辞中获取顾客对于产品、仪器功能的要求和对服务需求的信息。

4）带着表情和感情倾听。倾听时，眼睛要看着顾客，不时地扬起眉毛、微笑或点头；还可以根据情况插入一两个问题，以表示自己对顾客的关注。

5）不要随便打断顾客的讲话。

6）给顾客提供充足的考虑时间。有时顾客在谈话中会突然停顿下来，这并不是他讲完话的信号，而是想再考虑一下。这时自己不要立即插话，要给顾客一点时间，等他考虑好了以后再接着把话说完。但是，自己也不要毫无表情、呆呆地等在一旁，而是要微笑地注视着顾客，留给他充分思考的余地。

7）对顾客的话要有所反应。为了让顾客体会到自己在认真地倾听他说话，也是为鼓励他继续说下去，可随机地插入这样的答话，如“我明白了您的意思”、“您想要……”、“您是说……”、“您询问的是……”或者“请您相信……”，表明自己在认真地倾听顾客说话。

8）平时注意加强学习。在日常的生活、工作中，美容师要多注意积累专业知识及社交礼仪、沟通技巧等方面的知识，以便在销售过程中有出色的表现。

总之，看、问、听是美容师提高服务技巧和服务质量的一种行之有效的途径，也是与顾客建立良好互动关系的前提。

## 实战训练

活动：推荐产品场景模拟

1）准备物品：美发或美容产品。

2）参与人：两三名学生。

3）内容：通过所学知识模拟训练。

① 介绍假设要推销的产品——护发产品醋疗活发素：有中和药水、修护头发、排除头发内部毒素这三大功效，特征为500毫升，每瓶268元，单次58元，呈乳状，微香。操作方法是，在湿头发上涂抹后不用加热，5分钟以后就有效果，而且可以彻底冲干净。四次为一疗程，每次头发排毒率高达25%，使用四次后效果很明显，能强健修护发质，去除烫染后的药水残留、异味。

② 根据客户的头发状况演练推荐产品，在推荐产品时要注意表情动作、语速控制等细节。

活动评价表如下表。

**活动评价表**

| 项　　目 | 标　　准 | 分　　数 |
|---|---|---|
| 动作（30分） | 动作到位、表现力强 | |
| 语言（30分） | 准确、精炼、有充足的说服力 | |
| 表情（20分） | 清楚、富有感染力、展示到位 | |
| 效果（20分） | 达成目标 | |

2. 掌握产品成交技巧

在营销过程中，推销人员要善于观察，把握好成交的时机，捕捉到顾客的每一个表情和动作的细节。把握这些细节就是把握住了成交的时机。除把握好时机外，还要运用好一些销售技巧，如利用“别处没有”的心理、速战速决法、优惠法等。

### 实战案例

阿美在做完护理后，从衣帽架上取下自己那只纯白色的时尚拎包，站在宽大明亮的镜子前远远地端详几秒，然后向前走近两步，先正面照照，再侧面照照，一张光洁的脸几乎贴在了镜子上面，宁静中透着一份自信与欣慰，阿美喜欢这样自我欣赏。

细心的美容师小罗发现，第三次来美容院做皮肤护理的阿美，在照完镜子后并没有直接离去，而是站在大厅的产品陈列柜前仔细地观看产品，好像对其中某一套产品中的清透保湿精华素比较感兴趣。见此情景，小罗立即迎上前去热情地招呼阿美。

阿美：“我的一个朋友对我说，她用的一套合资的保湿产品还不错，我刚才看见你们这里也有，但我不知道你们的产品能否保证质量。”

小罗：“我们美容院的产品全在这两个展柜里。既有国产的，也有合资的；既有大品牌的，也有一般品牌的。价格从普通到高档，可以满足各个阶层女士的需求。”

阿美：“我正考虑买一瓶保湿精华素，但是对你们的产品我还不是很了解。”

小罗：“至于品质方面你可以放心，我们美容院向来以信誉第一，你可以随便问问老顾客，他们对美容院产品的评价比我给你的承诺更让人信服，你说是吗？”

阿美：“你这个主意倒是不错……”

小罗：“我先给你拿试用装试试，感觉一下效果如何？”

阿美：“其实我到你们美容院做护理，也是一位顾客推荐的，我相信你们的产品也不会让我失望……那我就先买一瓶试试吧。”

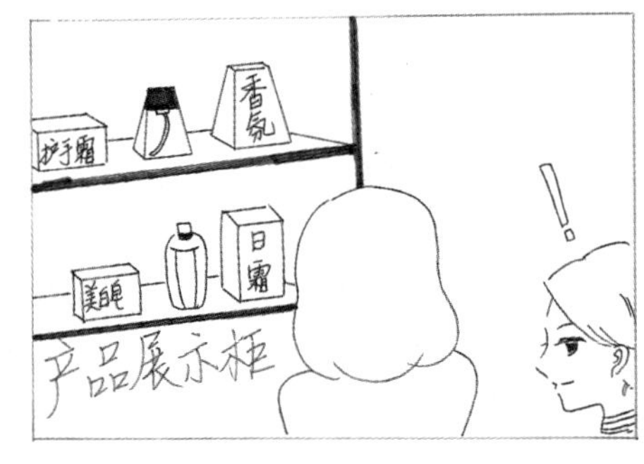

评析：

在销售这瓶精华素的过程中，美容师就是通过细心观察法，既没花太多心思，也没费多少口舌，就掌握了消费者的消费能力及其消费特性，成功地完成了一次产品销售。

从本案例可以看出，阿美并不是这家美容院的常客，仅仅来美容院做了三次护理。聪明的小罗善于观察顾客的一些细节动作，从中发现阿美在第一次和第二护理后都是匆忙离去，而这一次却在展柜前停留许久，神情专注地观看产品。于是小罗充分利用这个时机，热情、专业地把各种保湿产品介绍给顾客。这种推荐完全是在一种轻松愉快的气氛中进行的。

应该说，美容师与顾客之间的对话不是一般的闲聊，也不是单纯的产品推销，而是体现了一种为顾客着想、替顾客考虑的真挚情感，这种情感对于产品推销至关重要。

## 实战技巧

### 1. 捕捉顾客购买时机的技巧

（1）捕捉顾客面部表情

在与顾客面对面交流时，要注意观察对方表情的变化，并做出正确的判断，从而抓住有利时机，成功达成交易。

（2）捕捉顾客身体动作

应注意以下几个动作：改变身体坐姿，反复翻看说明书或样品，仔细询问使用效果等。

（3）捕捉顾客谈话要点

在顾客反复地询问产品是什么气味、效果如何、价格如何等暗示性语言时，应立刻试着成交。

### 2. 假设成交的技巧

假定顾客已经同意购买，这时，在不管成交与否的条件下，对方仍稍有疑问或犹豫不决时，便假设对方已决定购买，使顾客成交。

### 3. 帮助顾客挑选的技巧

许多顾客即使有购买意向，也要在产品的气味、包装、规格上来回挑选，不能立刻下决心。此时，美容师应热情地帮助顾客挑选合适的产品，从而成交。

### 4. 利用“别处没有”的心理技巧

人们普遍有这样一种心理：越是买不到、得不到的东西，越想尽快拥有。美容师可以无意地提到“这种产品我们这里才有代理销售”或“今天是我们美容院促销的最后一天，明天就没有折扣了”等，使顾客下决心购买。

### 5. 先购买一种试试的技巧

如果顾客打算在美容院做护理或购买产品，可又没有马上下决心，此时，美容师可建议顾客做一次试试感觉，或先购买一种产品试试效果。只要自己对美容院或产品有信心，待顾客试用满意之后，顾客自然会继续消费。

6. 速战速决的技巧

在前面几种技巧都不能打动顾客时，自己就得使出最后的“杀手锏”——速战速决，即在顾客还不能下决心的时候，以诚恳而坚决的语气直接要求顾客购买。

7. 想象描述法的技巧

对某些类型的顾客，可以采取想象描述法来促成销售。美容师可以通过形象的语言来描述顾客做了护理或使用了产品后肌肤所发生的变化。

8. 优惠法的技巧

对某种比较节俭或爱贪图便宜的顾客，可以通过一定的优惠方法来促成交易。但应注意优惠尺度，否则会使顾客得寸进尺。

**实战训练**

活动：产品成交场景模拟

1）准备物品：美发或美容产品。

2）参与人：两三名学生。

3）内容：①创设情境；②分角色演练。

活动评价表如下表。

**活动评价表**

| 项　目 | 标　准 | 分　数 |
|---|---|---|
| 动作（30分） | 动作到位、表现力强 | |
| 语言（30分） | 准确、精炼、有充足的说服力 | |
| 表情（20分） | 清楚、富有感染力、展示到位 | |
| 效果（20分） | 达成目标 | |

### 3.3.4 掌握竞争策略

1. 打好价格战

价格是交易中不可回避的问题，谈论价格时，营销员要将顾客看成合作者，没有顾客的配合，自己的利益也是无法达成的。优秀的营销员必须掌握价格策略，使讨价还价隐于无形，让折扣发挥出最大的功效。

**实战案例**

琳达（销售员）：“您还有什么其他需要吗？”

顾客：“没有了，就觉得价格有点高。”

琳达（销售员）：“我能够理解你的感受，大家都希望挑选到物美价廉的产品，价格确实也很重要。请问除了价格因素外，您还有没有其他的问题呢？”

顾客：“没有。”

琳达（销售员）：“这么说，您还是对我们这款新产品很满意吧。”

顾客：“感觉确实不错，但是价格确实也有点高。”

琳达（销售员）：“我觉得您也是真心愿意购买我们这款产品的，您看我给您申请一个我们的 VIP 会员折扣，再赠送一个旅行小样给您，怎么样？但是需要您给我们填一张简单的表格。”琳达一边说，一边将一张 VIP 顾客信息表和笔递给了顾客。

顾客：“好啊！”

琳达（销售员）：“我把您的产品和赠送的小样全放在袋子里好吗？”

顾客：“好的！”

琳达（销售员）：“这是给您开好的小票，请这边付款。”

……

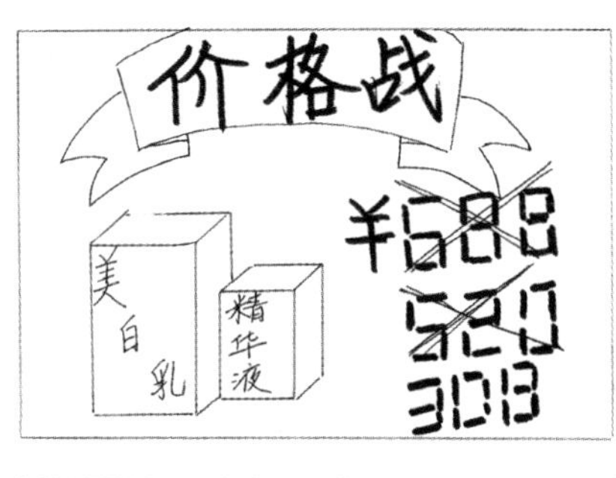


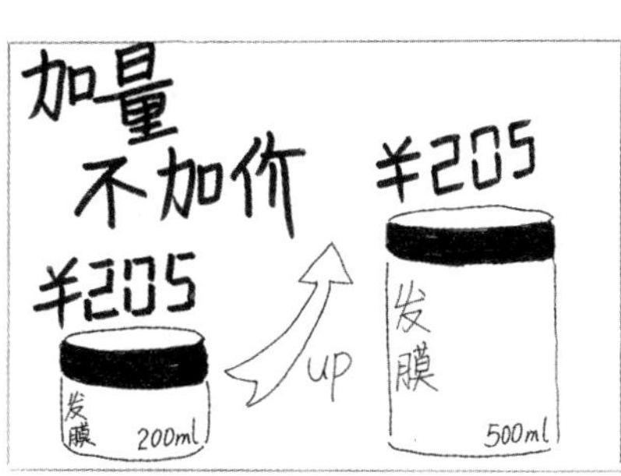


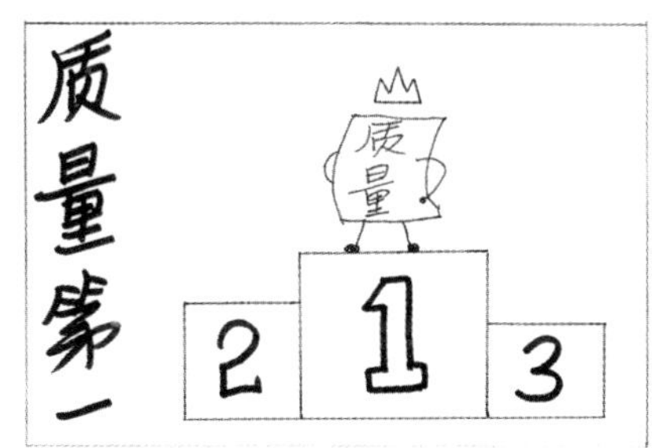

评析：

价格是敏感的话题，价格谈判是交易中最难的一个环节，但是可以像琳达一样运用其他优势为“价格战”服务。在遇到敏感话题时，推销员首先一定要充满信心，且不能逃避问题。

## 实战技巧

### 1. 定好策略

（1）明确自己的底线

在讨价还价时，双方通常都带有一定的攻击性，只想到可以“获得多少”，却常常忽略要“付出多少”。所以，在没有弄清楚对方的需求之前，切忌亮出自己的“底牌”。

（2）弄清对方的需求

“知己知彼才能百战不殆”，只有弄清对方的需求才能把握谈判的突破口，另外，还要多为对方着想，从对方的利益出发。

（3）假设会出现的问题

在谈判之前，可以给自己拟一个问题提纲及应对的方法，这样可以增强销售人员的信心。

2. 谈论价格技巧

1）运用同理心，肯定顾客的感受。

站在顾客的角度来思考问题，并表达自己的理解和同感。例如，可以说："我能理解您的感受，价格确实是一个重要的因素。""您这样说，肯定有您的理由，您能将您的感觉说得再详细一些吗？"

2）巧妙地将顾客关注的价格问题引到其他因素上。

让顾客将注意力转移到其他方面，如产品的质量、提供的售后服务、产品的成本等方面。

3）将问题锁定，确定是否只有价格问题。

"除了价格因素外，还有没有其他问题？"这样的问题可以帮助营销人员发现问题的真正所在。有时顾客会因为一些难以言明的原因而拒绝，这时不管自己怎么降价，他都不会购买自己的产品。如果顾客回答"价格就是唯一的原因"时，自己还可以接着问"是与预算有关吗"等问题来进行深入沟通。

4）切忌只降价格，而不改变其他附加条件。

在谈论价格时，可以变动其他附加条件，如减少某些服务，让顾客感觉到产品的价格体系是很严格、科学的，利润空间非常有限。切忌不能直接降价，而不附加其他条件。

5）折扣要用得恰到好处。

在给予顾客折扣时，要讲究一定策略，让折扣发挥出最大的功效。例如，采取"各退半步"策略，即在进入僵持阶段时，不妨提出双方都做出一些让步的建议，以达成交易。又如，采取"一律打八折"的策略，通过长期折扣以留住老客户。

## 实战训练

活动：情景演练——价格大战

1）准备物品：纸、笔、产品。

2）参与人：小组成员。

3）内容：

① 分角色：由一位成员充当员工，两位成员充当顾问，其他成员充当顾客。

② 员工和顾问为一方，顾客为一方，两方进行讨价还价。

③ 演练结束后，小组成员对每个人的表现进行评价，评选出优秀成员。将演练中的经典做法、语言进行汇总。

活动评价表如下表。

**活动评价表**

| 项　目 | 标　准 | 分　数 |
| --- | --- | --- |
| 动作和表情（30分） | 动作到位、表现力强 | |
| 语言（20分） | 准确、精炼 | |
| 创新（30分） | 具有创新性、做法具有示范性 | |
| 效果（20分） | 达成目标 | |

2. 打好电销实战

随着科学技术的发展和人们生活水平的提高，电话的普及率越来越高，人们越来越离不开电话。电销也成为营销中的一项重要的方式，作为营销员，应该懂得电话接听礼仪，注意电话沟通注意事项及技巧，这对推销成功具有重要的现实意义。

### 实战案例

莉莉是一家美容美发产品公司的业务员。一次她给自己一个客户打电话：“张老师，您好，经过试用，您对我们的产品感觉怎么样，是不是感觉很不错啊？”

客户回答：“还可以，但是我……”

没有等客户话说完，莉莉马上就说：“哦，那太好了，我们的产品是纯天然植物萃取的，效果是最显著的，您可以放心使用。”

客户接着说：“我知道，我是想说……”

莉莉抢话道：“如果您认为价格偏高，这是正常的，您也知道价格和质量一定是成正比的，而且我们现在正在做活动……”

客户说：“你听我把话说完，我想……”

莉莉继续抢话：“如果您觉得在使用上有什么不方便，或者您还有什么顾虑，我可以亲自过来为您讲解……”

客户急了，大声说：“不用了，我很忙……。”然后把电话挂了。

莉莉无语，她不知道自己哪里做错了。

后来，莉莉的老板向客户了解情况，客户的回答是：“你们那个业务员太没有礼貌了，总是打断我的话，我只是想说，我这周要出差，回来后再来你们公司。我实在不愿意和这种不懂礼貌的年轻人打交道。”

评析：

营销员在面对顾客时（不一定是面对面）需要始终坚持“礼仪第一”的理念，耐心倾听是对顾客最基本的尊重。营销员要从莉莉的失败中总结教训，不要再犯同样的错误。

## 实战技巧

### 1. 做好准备工作

1）给自己要说的话拟一个提纲。特别是对于刚开始接触电销的员工来讲，一定要对自己说的话做到心中有数，拟一个简单的提纲，可以避免有所遗漏，或者无话可说。

2）准备好资料。准备好笔、便笺、足够的客户名单、产品资料、目标计划、产品知识、竞争品牌情况等。

3）做好心理准备。打电话前应调整好自己的情绪，将恐惧感降到最低。

### 2. 注重电话礼仪

（1）打电话要注意时间

切不可在对方休息或用餐时打电话。打公务电话时，要尽量公事公办，不要占用他人的私人时间，尤其是节假日时间。

（2）不能结巴

有些推销新人打电话时会很紧张：“我、我、我是……”自我介绍都无法完成。这样的推销既不礼貌，效果也不好。针对这种情况，推销员不妨在打电话前先在脑海中勾勒出客户的形象，并明确自己通话的目的、内容，并把它们记录在备忘录上，根据备忘录上的提示与客户沟通。

（3）耐心拨打

拨打电话时，要沉住气，耐心等待对方接电话。一般而言，至少应等铃声响过六遍，或是大约半分钟时间，确信对方无人接听后才可以挂断电话。

（4）与话筒保持适当的距离

无论是打电话还是接电话，话筒都不要拿得太远或太近，一般应将受话器一端置于离嘴唇大约 2 厘米的位置。

（5）声音必须清晰

在打电话时，顾客若听到听筒中传来的是亲切悦耳的声音，心情都会非常好。

（6）对着镜子打电话

经常打电话的人都知道，虽然打电话时见不到对方的神态和表情，但完全可以“听出来”。因此，打电话时应尽量轻松自然、面带微笑。有条件的不妨对着大镜子和客户通电话，观察自己在通电话时是否能够保持轻松、热情、幽默的神态和表情。

（7）注意结束语

通话终止时，要以“再见”为结束语，让对方先挂电话，这都是礼貌细节。

### 3. 用心倾听、准确回应

与客户进行电话沟通时，营销员要尽量满足客户的心理需求，即被关注、被重视和受到尊重的需求，而这些需求的满足都是通过营销人员积极倾听做到的。在倾听过程中，营销员应做到以下几点。

1）得到更多的有关客户需求的信息。

“原来是这样，您可以谈谈更详细的原因吗？”

“您的意思是……”

2）确认真正理解客户所讲的内容。

“按我的理解，您是指……”

3）回应。向客户表达关心他讲话的信息。

“确实不错。”

“我同意您的意见。”

#### 4. 电话约见技巧

1）大胆说出打电话的目的。

打电话时，营销人员应注意以客户的利益为谈话重点，并适当进行寒暄和赞美。

2）以二择一法大胆提出拜访要求。

“星期一上午10点您比较方便，还是下午3点您比较方便呢？”

3）从容面对客户的拒绝，再次要求见面。

“感谢您接听我的电话，我很理解，您的时间非常宝贵，在您方便的时候我再和您联系吧，谢谢！”

4）进行事后整理。

通话结束后，要及时做好客户资料的整理工作，为下一步工作做好准备。反思自己在与客户交流中，信息传递是否准确及客户资料是否收集齐全。

### 实战训练

活动：模拟电话营销

1）准备物品：电话、记录本、笔、客户资料。

2）参与人：小组成员。

3）内容：

① 分配角色。一部分成员扮演业务员，另一部分成员扮演顾客，大家根据自己所扮演的角色做好准备。

② 模拟练习。

活动评价表如下表。

**活动评价表**

| 项　　目 | 标　　准 | 分　　数 |
| --- | --- | --- |
| 语言（20分） | 简洁、准确、易于接受 | |
| 内容（30分） | 条理清晰、逻辑清楚、主题明确 | |
| 态度（15分） | 友善、热情 | |
| 表情（15分） | 自然、友好 | |
| 效果（20分） | 达成目标 | |

3. 制定营销策划案

营销策略方案程序的制定得掌握一些要诀及方法，方可达到事半功倍的效果，还要进行详细的工作分配，将促销活动从规划、制定、落实到执行等各项工作都列入明细表，分配给专人负责，并对时间、要求、进度加以控制。

## 实战案例

玛丽在某大型小区内开了一家美容美发会所，因为小区没有其他的美容美发会所，加之玛丽制定的价格合理，服务又周到，会所的生意一直不错。可是最近几周，来会所的客人突然少了很多。玛丽很奇怪，问了一位经常到店里来做护理的客人，才知道原因。原来，在小区的另一边新开了一家美容美发会所，正在做开业大酬宾的活动，很多客人都到那边体验了。

第二天，玛丽到刚开的那家会所进行了考察，只见会所的门口立了一张很大的海报，其中“以美会友”的几个字格外抢眼，还写着：①凡是到会所做美容美发的客人，只需建立一张友好联系卡，就可以获得美容或美发设计免费体验一次；②凡是为会所提出合理建议或意见的客人，都可获得会所特制美容美发产品一件。

在回来的路上，玛丽皱着眉头，一直在思考。

过了几天，玛丽的会所门口也围了很多客人，旁边立了一张海报——“送美到家”感恩回馈，上面写着：为感谢多年来新老客户的厚爱，特举办“送美到家”感恩活动，凡拥有本店 VIP 卡的客户，如有需要，均可和玛丽联系，接受专业美容美发师上门服务一次……

一段时间后，玛丽不但没有损失客户，反而挖掘出了一些潜在客户。

## 实战技巧

1. 活动主题确定

为特别促销活动取一个好听、好记、寓意好的活动名称，并和活动的中心思想相吻合。

2. 活动时间规划

合理规划促销活动的时间包括前置作业的时间、活动正式启动和截止时间、活动结束的奖励和总结检讨时间。

促销活动都会考虑季节因素，因为不同季节的顾客的消费倾向不同，活动往往会围绕某个重要节日展开，因此安排活动启动时间的时候务必要比这个重要节日提前一周左右启动。例如，顾客往往在黄金周之前的一周就已经开始集中做发型了，真正黄金周开始以后，许多顾客已经外出旅游了。

3. 活动宗旨确定

每次促销活动的举办都应该预算能为发廊带来多少效益。其中的效益不单纯是利润的上升，还包括提高知名度、增加客流量、员工技术的提升、员工专业语言沟通能力的提升等无形的效益。

#### 4. 主攻项目设定

发廊的服务项目包括洗剪烫染护等，在推行特别促销活动、设定主攻项目时，要考虑店内的情况，并顾及淡旺季的问题来设定，选择单一的目标，集中全员全力推行，如此效果会更明显。主攻的项目如果设定得好，可改变顾客的消费习性，届时就无所谓谈旺季的区别了。

此外，促销项目必须结合当时的流行趋势、顾客需求及可行性等考虑，同时要将执行方式和其他细节商讨落实。

#### 5. 员工利基点确定

员工的利基点：要让员工了解做促销活动对他有何利益，如果对他没有好处，他就没有兴趣投入。推行促销活动时，要让员工知道，这样做是以他们的利益为考量的，而不是为了公司利益，员工能主动地配合、投入，活动才显得有意义。

#### 6. 顾客利基点确定

按照目标顾客的年龄层或行业类别等来区分后，选准促销对象，并考虑顾客的利基点。促销活动对顾客的好处是很重要的一点，如果活动对顾客没有好处，就无法对顾客起到吸引作用。吸引力不足，顾客不上门，活动必然失败。

#### 7. 目标设定

详细计算推行一次活动可为店带来多少业绩，也就是说所谓的目标设定，在设定目标时，必须将目标设定在努力可达成的范围内。

美容美发店常用的方法是，设定一个底数，使店内通过促销活动能够正常完成，否则店内所有管理者都会扣工资。

1）设定一个目标数。按照店内所有员工的能力，只要多付出一点努力就应该可以完成的数字。完成此目标后，可以实施奖励措施，如发奖金。

2）设定一个挑战数。需要店内所有员工全力配合努力冲刺方能完成的数字。完成此目标后，可以实施奖励措施，如全员休假旅游等。

需要说明的是，设定目标的时候，不仅仅只设定全店的目标，还应该将全店的目标分化到每一个小组，再由每个小组进行比赛完成，因此每个小组都有自己的底数、目标数和挑战数。同样的，还可以将小组目标继续分配给每一位发型师和每一位助理进行比赛完成，让每位员工都有自己的计划目标。

#### 8. 激励制度确定

在设定了各种目标以后，必须要通过激励的方式，才可以激发员工完成目标。惩罚和奖励（旅游、奖金、奖品、提前下班等）适度地搭配进行是非常好的方式。

比赛激励的方法可以是，设置不同比赛项目的月冠军、周冠军、日冠军甚至是 2 小时的冠军。参赛比赛的对象可以是单个的发型师或助理。

#### 9. 经费预算

一般促销活动的费用是总业绩的 3%～5%。费用预算应列出明细表并做出各种费用的预算单。

10. 程序执行

整个执行程序要分四个阶段进行，分别是告知期、炒作期、执行期、检讨期。

1）告知期：在活动开始前一个月告知客人与员工活动的主题、日期。

2）炒作期：活动开始执行之前三周，提前进行最后的强化训练及各类活动前期准备工作。

3）执行期：活动期间必须每星期做一次阶段性检讨。

4）检讨期：活动结束一周内检讨得失，以作为下次举行促销活动的参考。

## 实战训练

活动：制定活动策划案

1）准备物品：纸、笔。

2）参与人：小组成员。

3）内容：小组合作设计一次针对黄金周的活动，为活动做一次策划案。

活动评价表如下表。

活动评价表

| 项　　目 | 标　　准 | 分　　数 |
|---|---|---|
| 主题（10分） | 主题明确 | |
| 逻辑（10分） | 条理清楚、逻辑合理 | |
| 文字（20分） | 描述清楚 | |
| 内容（20分） | 内容与主题相符 | |
| 创新（20分） | 做法具有创新性 | |
| 操作性（20分） | 设计合理、操作方便 | |

# 任务 3.4　售后处理

## 学习目标

### 知识

1. 了解异议产生的原因。
2. 掌握留住老客户的方法。

### 能力

1. 掌握异议处理的技巧。
2. 掌握与人沟通的技巧。

### 情感、态度、价值观

1. 练就坚韧、乐观、豁达的人生态度。
2. 培养随机应变的处事方式。

### 3.4.1　掌握异议处理技巧

当客人出现异议时，推销人员一定要冷静对待，因为这时你的每一句话都有可能促成事件处理的成功或失败。在面对异议时，推销人员首先要耐心倾听了解异议产生的原因，其次采用相应的策略处理好异议，最后要注意处理后的追踪工作，让顾客真正感到满意。

**实战案例**

一天，一位四十来岁的顾客来到一家名为“×××俱乐部”的美容院，她慢悠悠地走到美容院的产品柜台前，漫不经心地浏览着陈列的产品。这家美容院的产品有不少国内知名品牌。见到顾客前来光临，美容师刘小姐热情地迎上前去接待她。刘小姐问候性地说道；“小姐，欢迎您光临我们美容院，请问您需要哪种产品？需要我为您介绍吗？”那位顾客回答道：“谢谢，我想先看一看，看中后再请教……”刘小姐仍然跟在这位顾客旁边，顾客接着说：“你们产品的外包装看上去倒是精致，有些品牌我好像也见过。但会不会是水货？”刘小姐听出顾客的言外之意。于是认真地回答道：“水货？绝对不可能的事！我们美容院虽然门面不大，但在此已经经营快八年了，单是老顾客的数量就有上百位，您有这种想法，对此，我们也能理解。”

听了刘小姐的一番话后，那位顾客显得有些窘迫，压低了声音说：“我只是问一问，没有别的意思……我买了好几次水货，现在我怕上当……”

最后，经过刘小姐的悉心介绍，那位顾客购买了近五百元的产品。

评析：

本案例与其说是一次成功的产品推销个案，还不如说是一次成功的异议处理。因为刘小姐的一番话在先，顾客购买产品在后，在一定程度上，美容师的话起到了至关重要的作用。

在实际的产品推销过程中，出现异议是常有的事，这一方面是由于美容师或美容院引起的，另一方面也有可能是顾客的语言不当或是明显有恶意的话而引起的。当然，对于顾客提出的非原则性问题，美容师不一定非要争论结果，而是要么阐明自己的观点，要么一笔带过，而对于原则性的问题，美容师必须要有技巧地据理力争，但无论如何，都要以不让顾客感到十分难为情为原则。正如本案例中美容师的一番话，既达到了讲清问题的目的，也让顾客有台阶下，最后还购买了美容院的产品。

## 实战技巧

美容院在销售产品过程中，异议甚至纠纷会时有发生。从产品介绍、示范操作到成交的每一个推销步骤，顾客都有可能提出异议。顾客提出异议不一定都是对美容院或产品不满。相反，在大多数情况下，顾客提出的异议往往会提高美容师的工作品质，使销售工作进行得更加顺利。因此，出现异议时，关键在于美容师能否用正确的技巧来处理这些异议，使顾客的疑问得到解答。

### 1. 了解异议产生的基本因素

异议是在推销过程中，顾客因为对自己或自己的产品不满意、不赞同而提出的质疑。这里所要讨论的是非产品因素的意义产生的原因。

（1）原因在于顾客

大多数人对改变都会产生抵触情绪，美容师的推销工作具有改变顾客想法的作用。例如，使顾客将目前使用的 A 品牌换成 B 品牌，从目前可用的经费中拿出一部分购买一种新的化妆品，让顾客改变目前的状况等。而以下原因往往导致顾客产生异议。

1）顾客情绪低落。当顾客情绪不好时，没有心情进行商谈，容易提出异议。

2）顾客没有购买欲望。顾客的购买欲望没有被激发出来，产品就不能引起他的注意和兴趣。

3）不能满足顾客的需求。顾客不认同自己提供的产品，其需求不能被充分满足。

4）顾客预算不足。如果超出了顾客先前的预算，便会产生价格上的异议。

（2）原因在于美容师

1）夸大产品功效。美容师为了说服顾客做了过多夸大不实的陈述，无法赢得顾客的好感，结果引起顾客更多的异议。

2）专业术语过多。美容师在介绍产品时，如果过多使用高深的专业术语，会让顾客觉得自己无法完全领会其中的含义，从而提出异议。

3）事实调查不正确。美容师引用不正确的调查资料，引起顾客的异议。

4）不当的沟通。说得太多或者太少都无法准确地把握顾客最关心的问题，从而使顾客提出异议。

5）姿态过高。美容师太会说话且说得太多，处处让顾客理屈词穷，这样会让顾客感觉很不愉快，从而提出异议。

### 2. 处理异议的技巧

作为美容师，只有在了解异议产生的各种原因后，才能冷静、准确地做出判断，及时改变措施，对症下药。美容院处理异议主要有以下几种方法。

（1）补偿法

补偿法的应用范围很广泛，效果也很好，能有效地弥补产品存在的不足。例如：

顾客："这个产品的设计、颜色都非常令人满意，不过它的品质不是最好的。"

美容师："您很有欣赏眼光，这个产品的品质的确不是最好的，如果您要选择最好的原料，恐怕价格要高出现在的五倍以上呢！"

当顾客提出异议的事实依据时，自己应该承认并欣然接受，如果强力否认事实是不明智的举动。自己给顾客承诺的补偿，就是让顾客获得心理上的平衡，从而让顾客认为"我所购买的产品的价值与售价基本一致"、"我得到了产品以外的东西"……

（2）询问法

美容师在进行询问时，顾客可能会提出反对的理由，并说出自己内心的想法。了解了顾客真实的想法，就能把握住顾客真正的异议点在哪里，思考如何正确处理顾客的反对意见。例如，

顾客："我希望你的价格再降一成，我们就可以继续合作了。"

美容师："我当然希望我们合作愉快，您一定也希望我们给您的服务是 100%而不是99%吧！"

有时还可以通过对顾客提出"反问"的技巧，直接化解顾客的异议。

1）委婉法。

直截了当地反驳顾客，会让其心里不痛快，甚至恼怒而去。就算反驳得很对，并无恶意，也会引起顾客的反感。因此，一般情况下，美容师最好不要开门见山地直接提出反对意见。在表达不同意见时，要尽量引用"是的……如果……"；"也许您说得对……但是我认为……"之类的句子，来"软化"顾客的意见，消解顾客的火气。例如：

顾客："这笔金额太大了，我不能马上支付。"

美容师："我能理解，因为大多数人都和您一样不能一次性全部支付。您看这样行不行，您先一次性支付 60%，其他的再以分期付款的方式每月支付一部分。这样您就可以很轻松地享受这项服务了。"

2）忽视法。

忽视法就是指顾客提出一些反对意见，并不是真的需要解决或讨论，也就是说，这些意见和眼前的交易无直接关系，自己要做的只是面带微笑地表示"同意"或简单地附和他的意见即可。

3）细心聆听法。

当顾客提出异议时，一定要耐心而专注地倾听，记下顾客的谈话内容，观察顾客的肢体语言，从而确定他的谈话真实与否，并做出恰当的回答。另外，还可以利用一些试探性的问题，如"您能再详细地告诉我一些吗"或"为什么您会有这种感觉"等，来了解顾客的真实想法，以便更准确地为顾客解决问题。

4）耐心解说法。

耐心解说法是指告诉顾客有关产品的种种好处，帮助他们了解这套产品或项目如何能满足他的需求。同时，还可以预备一些真实的事例或其他顾客的例子，帮助顾客打消疑虑，快速做出决定。

5）直接反驳法。

当顾客对美容院的服务、诚信持怀疑态度时，如果不进行反驳，顾客就会认为推销员默认了，推销员就无法继续推销产品或服务。此外，如果顾客引用的信息不属实，一定要用正

确的资料证明自己的说法，此时顾客会很容易接受，并且对自己更加信任。出现以下两种状况时，必须采取直接反驳法：①顾客对美容院的服务、诚信有所怀疑时；②顾客引用资料不正确，有损美容院的形象时。

在使用直接反驳法时，态度要诚恳，语气要柔和，对事不对人，注意用词要恰当，在不伤及顾客面子的同时，要让顾客感受到自己的专业技能与敬业精神。

**实战训练**

活动：异议处理场景模拟

1）准备物品：美发或美容产品。

2）参与人：两三名学生。

3）内容：①创设情境；②分角色演练。

活动评价表如下表。

**活动评价表**

| 项　　目 | 标　　准 | 分　　数 |
| --- | --- | --- |
| 情景创设（10 分） | 情景创设合理 | |
| 动作和表情（30 分） | 动作到位、表现力强 | |
| 内容（20 分） | 内容精彩、具有观赏性 | |
| 创新（20 分） | 内容和表演有新意 | |
| 效果（20 分） | 整体设计好、具有可借鉴性 | |

### 3.4.2 留住老客户

要拥有一个客户不容易，要留住一个老客户更是难上加难，老客户是一笔宝贵的财富，如果忽略老客户就会失去一座“金矿”。调查表明，在各种各样的宣传形式当中，客户“口对口”的宣传处于所有产品宣传中的最高地位，其产生的效果是最好的。也就是说，老客户对产品的意见对新客户的购买欲望起决定性的作用，这远远比产品介绍来得有力。

**实战案例**

营销人员：“您好，请问您是林小姐吗？我是××产品的服务专员，能打扰您 3 分钟吗？”

客户：“哦，请问你有什么事？”

营销人员：“今天打扰您主要是想了解一下，使用我们的产品后，你感觉肤质是否有所改善。”

客户：“我有一点感觉，但是好像还不太明显……”

营销人员：“肤质的改善是需要一段时间的，再坚持两周，我们相信您的肌肤就会有所改善。”

客户：“这样，我再用一段时间吧……”

营销人员：“另外，我们今天还想提醒您，现在已进入冬季，皮肤容易缺水，请您一定注意保湿。”

客户：“好的，谢谢！”

营销人员:“12 月 12 日是您的生日，如果您方便，我们将为您提供一次免费的香薰 SPA，您可以来感受一下。”

客户：“好的，我尽量安排吧……”

营销人员：“好，如果您有其他关于皮肤护理的问题，可以随时给我们打电话……”

客户：“好的……”

营销人员：“感谢您对我们的支持，祝您生活愉快，再见！”

评析：

哪怕只是一句简短的问候，只要恰到好处也会让人感到无限的温暖。只有留住顾客的心，才能赢得顾客对品牌的感情。从业人员的最高境界就是将顾客变成对自己所代表品牌的忠诚者。

## 实战技巧

1. 经常与客户联络

交易结束后，仍然要与客户保持联系，才能巩固自己的业绩。在节假日或客户生日的时候打一个电话或发一条短信祝福，或者闲暇的时候到自己服务过的小区走走，问候一下老客户，一定会让客户备受感动。电话回访是保持与客户联系的一种简单而易行的形式，要注意以下几点。

1）语言亲切，语气柔和。

亲切的语言、柔和的语气往往能给客户一种非常舒服的感觉，能在无形中拉近双方的距离，使下面的回访得以愉快进行。

2）注意回访电话的周期与频率。

一般而言，售后三天内应给客户打第一个回访电话，因为大多数产品故障都是出现在产品使用磨合期，这个时候打回访电话往往能起到“急人之所急”的作用，也最能感动客户。

3）结束回访时要注意礼节。

回访结束后，一定要向客户表示感谢，感谢其接受回访及对自己工作的支持，并祝客户身体健康、生活愉快、生意兴隆等。

### 2. 随时准备帮助客户

对于使用过产品和服务的客户，及时收集反馈信息非常重要。客户对其购买的产品是否满意、在使用方面有哪些问题、产品的功用是否都清楚等，这些都应该是推销员收集的信息。

### 3. 及时处理投诉

成功地卖出产品后，对于大多数推销员来说，最不愿意看到的就是客户投诉。尤其是碰到客户提出的一些理由充分的，甚至反复的不正当的投诉，心理难免有一些不满和抵触情绪。

### 4. 准备一些小礼物

根据顾客的需要准备一些小而实用的礼物，也是保持与老客户良好关系的方法之一。一张精致的贺卡、一把工具刀也许会起到意想不到的作用。小礼物既可以是美容美发店准备的，也可以是营销员自己准备的东西，还可以是额外赠送的服务等。

## 实战训练

活动：顾客回访策划

1）准备物品：纸、笔等。

2）参与人：小组成员。

3）内容：每个人设计一份顾客回访策划书，小组成员之间进行讨论、评价。

活动评价表如下表。

**活动评价表**

| 项　目 | 标　准 | 分　数 |
|---|---|---|
| 内容（30分） | 内容合理、逻辑清楚 | |
| 文字（30分） | 表述清楚 | |
| 创新（20分） | 策划具有新意 | |
| 操作性（20分） | 设计的内容操作性强 | |

# 项 目 回 顾

营销有法，但无定法；在营销的过程中，要始终坚持“从顾客中来，到顾客中去”的原则，想顾客之所想，急顾客之所急。作为“美业”行业人员，不仅需要具备丰富的专业知识、精湛的专业技能，更需要在言谈举止等各个方面不断提升自己的综合素质，加强内在修养。在提升自身业绩的同时，更要进一步提升行业形象。具体应从以下几方面入手。

1. 尊重

在工作中，要尊重同事之间、竞争对手之间、自身与顾客之间的差异，尽可能了解每一个人的特质，要通过尊重，帮助自己或他人发挥最大的潜能。尊重还包括站在他人的角度思考问题、替他人着想。

2. 信念

信念是事业成功的根基，只有自己有了坚定的信念，才能让别人感受到信任，只有当别人感受到信任，才能不惜一切地相信自己、支持自己。

3. 谦逊

谦逊是一种修养，能否做到谦逊也是衡量一个人品德是否成熟的方法之一。不管我们的工作岗位是什么，谦逊都是必不可少的品质之一。谦逊是人与人交往中的天然润滑剂，能够拉近人与人之间的距离。营销人员的谦逊能减少顾客的对抗情绪。

4. 诚实

诚实是必不可少的美德，是事业成功的助推器。在面对顾客时，要用真诚打动顾客，用诚信留住顾客。

5. 创新

所有的知识和技能都是固定的，只有我们每个人的大脑是活动的。我们要将学到的知识和技能灵活地运用到工作中，这样才能对各类顾客、各类问题应对自如。

6. 回顾

要善于总结，总结能够让我们获得意想不到的收获，要静下心来回顾过去、展望未来。这样就可以提高自己的能力，从而获得更加丰硕的成果。

## 思考与练习

**一、判断题**

1. 因为美容美发行业是引领时尚行业，所以从业人员的装扮应该越时尚越好。(　　)
2. 语言暗示是顾客心理暗示中最直接、最明显的表现形式，也最易于被推销员察觉。(　　)
3. 只要能够增长业绩，推销员就可以对产品的功效进行夸张描述。(　　)
4. 当顾客对自己所在企业的诚信持怀疑态度时，自己可以直接进行反驳。(　　)
5. 在使用优惠法策略时，一定要把握好优惠的程度，否则会使有些顾客得寸进尺。(　　)

## 二、不定项选择题

1. 销售人员与客户距离应保持在（　　）。

A. 1～2 米　　B. 1.2～3.6 米　　C. 1.2～3 米　　D. 3～5 米

2. 赞美的原则有（　　）。

A. 真诚　　B. 适度　　C. 适时　　D. 多多益善

3. “您想花最少的钱，让自己变得更漂亮吗？”这属于（　　）提问。

A. 开门见山，直奔主题　　B. 分层追问，锁定需求

C. 开放式　　D. 选择式

4. 顾客的心理暗示分为（　　）大类。

A. 语言暗示　　B. 眼神暗示　　C. 动作暗示　　D. 表情暗示

5. 在进行电话销售时，（　　）。

A. 电话要置于距离嘴唇 2 厘米处

B. 至少应当在铃声响六遍后，确认无人接听后才可以挂断电话

C. 不要在工作时间给顾客打电话，最好在晚上或节假日打电话

D. 应当做好通话记录

## 三、简述题

1. 产品陈列的基本原则有哪些？
2. 如何进行语言练习？

## 四、案例分析题

莎莎是某化妆品有限公司的员工，早上她刚上班就来了一位火冒三丈的顾客。她愤怒地走到柜台前，对着莎莎大叫：“你们这个骗子品牌”，一边说，一边从包里拿出一瓶精油，重重地摔在柜台上，精油瓶子被摔破了，精油流了出来……

问题：这个时候莎莎应该如何处理？

## 五、设计题

春节将至，假设你是某美容院的业务经理，请以美容院的名义，设计一份针对老顾客的访问提纲。

# 参 考 文 献

邓媛媛. 2010. 世界上最伟大的推销员（实战强化版）. 北京：人民邮电出版社.

顾文钧. 2011. 顾客消费心理学. 2版. 上海：同济大学出版社.

李智朋. 2012. 一看就懂的科特勒营销学全图解. 北京：北京理工大学出版社.

刘军，王砥. 2009. 消费心理学. 北京：机械工业出版社.

人力资源和社会保障部教材办公室，上海市职业培训研究发展中心. 2010. 美容师（中级）. 2版. 北京：中国劳动社会保障出版社.

宋振赫. 2012. 瞬间读懂顾客心理学. 北京：中国华侨出版社.

张晓梅. 2006. 美容服务要点及案例评析. 沈阳：辽宁科学技术出版社.

张永红. 2012. 市场营销核心技能训练. 北京：北京理工大学出版社.

张之峰，张学琴. 2010. 消费心理学. 北京：北京理工大学出版社.